essentials liefern aktuelles Wissen in konzentrierter Form. Die Essenz dessen, worauf es als „State-of-the-Art" in der gegenwärtigen Fachdiskussion oder in der Praxis ankommt. *essentials* informieren schnell, unkompliziert und verständlich

- als Einführung in ein aktuelles Thema aus Ihrem Fachgebiet
- als Einstieg in ein für Sie noch unbekanntes Themenfeld
- als Einblick, um zum Thema mitreden zu können

Die Bücher in elektronischer und gedruckter Form bringen das Expertenwissen von Springer-Fachautoren kompakt zur Darstellung. Sie sind besonders für die Nutzung als eBook auf Tablet-PCs, eBook-Readern und Smartphones geeignet. *essentials:* Wissensbausteine aus den Wirtschafts-, Sozial- und Geisteswissenschaften, aus Technik und Naturwissenschaften sowie aus Medizin, Psychologie und Gesundheitsberufen. Von renommierten Autoren aller Springer-Verlagsmarken.

Weitere Bände in der Reihe http://www.springer.com/series/13088

Erik Flügge · Udo Wenzl

Der 8er-Rat

Ein barrierefreies Beteiligungsmodell für Jugendliche

Erik Flügge
Squirrel & Nuts GmbH
Köln, Deutschland

Udo Wenzl
Waldkirch, Deutschland

ISSN 2197-6708   ISSN 2197-6716   (electronic)
essentials
ISBN 978-3-658-22021-1   ISBN 978-3-658-22022-8   (eBook)
https://doi.org/10.1007/978-3-658-22022-8

Die Deutsche Nationalbibliothek verzeichnet diese Publikation in der Deutschen Nationalbibliografie; detaillierte bibliografische Daten sind im Internet über http://dnb.d-nb.de abrufbar.

Springer VS

Gedruckt auf säurefreiem und chlorfrei gebleichtem Papier

Springer VS ist ein Imprint der eingetragenen Gesellschaft Springer Fachmedien Wiesbaden GmbH und ist ein Teil von Springer Nature
Die Anschrift der Gesellschaft ist: Abraham-Lincoln-Str. 46, 65189 Wiesbaden, Germany

Was Sie in diesem *essential* finden können

- Ein neues Beteiligungsmodell für Jugendliche.
- Ein Ansatz zur Beteiligung junger Menschen über alle sozialen Schichten hinweg.
- Eine neue Form der Kooperation zwischen Schule, Jugendarbeit und Kommunalpolitik.
- Praxishinweise und Anleitungen zur Entwicklung passender Beteiligungsstrukturen.
- Reflexionen zum Potenzial der Beteiligung für Jugendliche.

Inhaltsverzeichnis

Beteiligung ohne soziale Exklusion 1

Was könnte aus Deutschland werden, wenn wir wirklich alle Menschen beteiligen würden?

Beteiligung schließt zu viele Menschen aus. Weil sie zu wenig Zeit haben. Weil sie nie gelernt haben, wie man sich beteiligen kann. Weil Fachwissen vorausgesetzt wird oder man erst gewählt werden muss. So sehr wir immer wieder davon sprechen, dass Bürgerbeteiligung wichtig ist, so wenig sind wir ehrlich miteinander, dass die heutigen Formen der Beteiligung zu viele Menschen ausschließen. Beteiligung muss man lernen, und nicht jedem Menschen wird diese Lernerfahrung zuteil.

Dieses Problem will der 8er-Rat als Modell der Jugendbeteiligung angehen. Wir wollen, dass alle jungen Menschen im Lauf ihres Heranwachsens eine umfassende und intensive Erfahrung des Gehörtwerdens und der Selbstwirksamkeit machen. Jeder junge Mensch in einer Kommune soll erlebt haben, dass unsere Demokratie offen für das Mitmachen ist und dass es sich lohnt, sich in das Gemeinwesen einzubringen. Eine positive Ersterfahrung mit der Demokratie, die zur weiteren Beteiligung motiviert.

Dafür gehen wir ganz an den Anfang der Pubertät: in die 8. Klasse jeder Schule, die auch dem 8er-Rat seinen Namen gibt. Denn in der 8. Klasse erwachen junge Menschen mit einem neuen Bewusstsein für die Welt. Sie sind von Kindern zu Jugendlichen geworden und hegen damit den Wunsch mitzubestimmen. Es ist das Alter, in dem der Protest erwacht. Ein Alter, in dem man gerne motzt über die Zustände im eigenen Dorf oder der eigenen Stadt, aber noch nicht so richtig weiß, wie man sie ändern kann.

Viele junge Menschen finden genau in diesem Alter das passende Ventil für ihr Gefühl. Sie finden Anschluss an Verbände und Vereine, an freie Gruppen, andere Jugendliche, Lehrerinnen und Lehrer oder einzelne Erwachsene, die ihnen helfen,

© Springer Fachmedien Wiesbaden GmbH, ein Teil von Springer Nature 2018   1
E. Flügge und U. Wenzl, *Der 8er-Rat,* essentials,
https://doi.org/10.1007/978-3-658-22022-8_1

aus ihrer Wut über die Zustände eine positive Gestaltungskraft zu entwickeln. Zu viele Junge Menschen hingegen finden diesen Anschluss nicht. Sie erleben keine positive Beteiligungskultur im Elternhaus oder in der Schule, sie kommen nicht in Kontakt mit Mentorinnen und Mentoren, die sie weiterbringen. Sie bleiben hängen im Widerstand gegen die Gesellschaft. Alles bleibt „scheiße", ohne dass man weiß, wie man es ändern kann.

Der Mangel an Selbstwirksamkeitserfahrung, der diesen Jugendlichen am Anfang ihrer Pubertät zuteilwird, mauert sie ein in einer sozial schwachen Lage. Dieser Mangel verbaut Aufstiegschancen und sorgt für eine Distanz zum demokratischen System und seinen Mitmachmöglichkeiten. Das Ziel des 8er-Rates ist, dass dies keiner und keinem Jugendlichen mehr passiert. Alle, wirklich alle sollen beteiligt werden.

1.1 Die Idee des 8er-Rates

Die Idee des 8er-Rates ist das Ergebnis jahrelanger Arbeit in der Jugendbeteiligung. Wir begleiten seit Jahren in ganz Deutschland Städte und Gemeinden bei der Beteiligung von jungen Menschen. Wir versuchen, so viele Jugendliche wie nur möglich zu beteiligen und dafür zu sorgen, dass deren Ideen von der Politik ernst genommen werden. Oft gelingt uns das, aber auch wir müssen ganz selbstkritisch zugeben, dass wir vor dem 8er-Rat niemals alle erreicht haben. Weder mit einem Jugendrat, in den nur einige wenige gewählt werden, noch mit einem Jugendforum, an dem viele Jugendliche freiwillig teilnehmen können, oder mit projektorientierter Beteiligung. Mal waren es dutzende, mal waren es hunderte Jugendliche, die wir beteiligten. Aber alle waren es nie.

In den Städten und Gemeinden, in denen wir arbeiten, führte das stets zur vollsten Zufriedenheit. Wir hatten kein Problem. Uns war es irgendwann schlicht selbst nicht mehr genug. Direkt im Anschluss an ein Jugendforum in Konstanz mit mehr als 200 Jugendlichen aus allen Schularten setzen wir uns zusammen und sprachen über den Tag, den wir erlebt hatten. 200 junge Menschen hatten ihre Anliegen formuliert, und Erwachsene aus dem Stadtrat und dem Rathaus hatten ihnen ernsthaft zugehört und mit ihnen diskutiert. Ein erfolgreicher Tag, nach dem man zufrieden sein kann. Nur leider mussten wir zugeben, dass die Moderation zu einfach war. Keine Querschläger, keine Verweigerer, niemand hatte die Wände mit einem Edding bemalt und keiner die Toiletten verwüstet. Entweder sind wir Wunderpädagogen, oder die besonderen Fälle unter den Jugendlichen waren nicht dabei. – Wunderpädagogen sind wir keine, also schließt Jugendbeteiligung schlicht einen Großteil der Jugendlichen aus.

Nach dieser harten Selbstkritik begannen wir daran zu arbeiten, wie wir uns selbst mit allen Jugendlichen konfrontieren können. Mit allen, auch mit denen, die keinen Bock haben und die Beteiligung für völlig sinnlos halten. Was könnte aus Deutschland werden, wenn wir wirklich alle beteiligen würden?

Im Grunde ist die Idee des 8er-Rates einfach. Wir nehmen alle Achtklässler einer Stadt und bringen diese in einem großen Jugendforum zusammen. Sie artikulieren ihr Lebensgefühl, formulieren, was gut und was weniger gut ist. Sie bringen auf den Tisch, wie sie das Gemeinwesen zum Positiven verändern wollen. Wir bilden Gruppen aus den Jugendlichen und lassen sie erst ihre Anliegen ausformulieren, und dann sollen sie gegenüber der Politik für ihre Anliegen werben. Danach begleiten wir die Jugendlichen dabei, ihre Projekte umzusetzen. Sprich, es handelt sich nicht um einen Rat, in den die Achtklässler gewählt werden, sondern, ganz im Sinne des alten Gedankens der Räterepublik, um ein Modell, bei dem jeder Mensch, nur weil er Mensch ist, Teil des Rates ist. Es klingt weitaus einfacher, als es in Wirklichkeit ist.

1.2 Der erste 8er-Rat

Den ersten 8er-Rat brachten wir 2015 in der Stadt Freiburg zusammen mit dem Jugendbüro im Jugendbildungswerk Freiburg e. V. auf den Weg. Der Modellversuch war mit Absicht klein. Nicht alle Achtklässler der 225.000-Einwohner-Stadt, sondern nur ein paar. Drei 8. Klassen kamen zusammen – eine Werkrealschulklasse (ehemals Hauptschule), eine Realschulklasse und eine Gymnasialklasse. Insgesamt etwas über 70 Jugendliche aus allen Teilen der Stadt.

Was wir uns schwierig vorstellten, das war in Wirklichkeit noch viel schwieriger als gedacht. Schülerinnen und Schüler, die es gewohnt sind, sich nach Schularten zu unterscheiden und voneinander abzugrenzen, dazu zu bringen, miteinander zu kooperieren, ist leichter gesagt als geschafft. Die Klassen blieben zu Anfang erst einmal unter sich. Beim ersten Treffen setzten sich die Jugendlichen in Blöcken geordnet nach Schularten und blickten skeptisch auf die jeweils anderen.

Nicht nur das Entwickeln einer neuen Identität als Großgruppe über die Klassenverbünde hinaus erwies sich als herausfordernd, sondern auch die Aktivierung jedes einzelnen jungen Menschen. Denn Jugendliche, die im Verbund ihrer Klasse an einer Beteiligungsveranstaltung teilnehmen, tun sich schwer damit, ihre gelernten Rollen in der Klasse aufzugeben. Neben vielen positiven Rollen in der Klasse gibt es auch die Rolle der Verweigernden, die Rolle derjenigen, die keinen Bock haben, die Rolle der Widerständigen gegen die Autorität.

Unser Anliegen, alle zu beteiligen, war aber mehr, als alle Schüler zusammenzubringen und dann einen Teil zur Beteiligung zu bewegen. Wir wollten ganz bewusst jede und jeden Einzelnen zum Mitmachen motivieren und für die Beteiligung gewinnen.

Umso mehr freut uns, dass die Jugendlichen des ersten 8er-Rates nach einem Jahr ihre Erfolge feiern konnten. Es sind Freundschaften über Schulartgrenzen hinweg entstanden, und konkrete Projekte und Ideen der Jugendlichen wurden in Freiburg zur Realität. Am Ende des Jahres wussten alle teilnehmenden Jugendlichen mehr über Kommunalpolitik und waren bestärkt in dem Gefühl, dass man in der Demokratie etwas erreichen kann.

Das Jugendbildungswerk Freiburg gewann den wichtigsten deutschen Preis für Jugendbeteiligung, und selbst der Ministerpräsident von Baden-Württemberg fand lobende Worte über die Erfolgsgeschichte des 8er-Rates:

„Ein wenig stolz können wir auch darauf sein, was wir in den vergangenen Jahren im Bereich der Kinder- und Jugendbeteiligung verändert haben. Zum klassischen Jugendparlament sind neue Formen dazugekommen: z. B. der 8er-Rat." (Winfried Kretschmann, Ministerpräsident Baden-Württemberg, 24. März 2017, Esslingen auf dem Kongress „Vom Wesen der Zivilgesellschaft").

Seit dem ersten Modellversuch in Freiburg sind drei Jahre vergangen. Der 8er-Rat in Freiburg blieb nicht der einzige. Immer mehr Städte und Gemeinden entscheiden sich für dieses neue Modell der Jugendbeteiligung. Mancherorts sind wir mittlerweile so weit, wie wir kommen wollten: Alle Jugendlichen der 8. Klasse, die in der Stadt leben, sind Teil des 8er-Rates.

Doch alle, die es jemals mit dem 8er-Rat versucht haben oder versuchen, standen und stehen vor den gleichen Herausforderungen, vor denen wir zu Anfang standen. Daher will dieses Buch Hintergründe und Hilfestellungen zum 8er-Rat liefern und zeigen, wie er allen Widerständen zum Trotz gelingt.

Denn eine große Chance liegt im Modell des 8er-Rates. Wenn wir jedes Jahr aufs Neue in einer Kommune alle Jugendlichen der 8. Klasse zu Beteiligten machen, dann können wir nach ein paar Jahren davon sprechen, dass jede und jeder einzelne junge Mensch einer ganzen Generation im frühen Jugendalter eine gute Beteiligungserfahrung gemacht hat, die zu einem Mehr an demokratischer Mitwirkung motiviert.

Modellbeschreibung im Detail 2

Der 8er-Rat beinhaltet einige konstitutive Elemente. Grundbedingung eines 8er-Rates ist, dass mindestens drei Schulen (Hauptschule/Realschule/Gymnasium oder Gesamtschule) teilnehmen und dass diese jeweils mindestens eine komplette 8. Klasse für das Projekt anmelden. Dies soll sicherstellen, dass eine Begegnung über Schicht- und Bildungshintergründe hinweg ermöglicht wird und die Perspektiven ganz unterschiedlicher Jugendlicher im 8er-Rat zur Sprache kommen. Unser Ziel ist jedoch größer: Wir verlangen mindestens drei Klassen, aber wir wollen jede einzelne.

> **Der 8er-Rat hat eine Laufzeit über das gesamte Schuljahr der Klasse 8 hinweg. Im Kern folgt der 8er-Rat folgendem Phasenplan**
> 1. Vorbereitung der Jugendlichen in ihren jeweiligen Schulklassen durch die eigenen Fachlehrer/Innen.
> 2. Kennenlernen aller Jugendlichen untereinander am Anfang des Schuljahres beim ersten 8er-Rat-Forum moderiert von der außerschulischen Jugendarbeit. Zusätzlich bringen die Jugendlichen hier ihre Themen ein.
> 3. Nachbereitung des ersten Treffens in den jeweiligen Schulklassen durch die Fachlehrer/innen.
> 4. Ausarbeitung der eigenen Themen und Projekte sowie deren erste Präsentation gegenüber Expertinnen und Experten aus der Verwaltung und der Politik beim zweiten 8er-Rat-Forum moderiert von der außerschulischen Jugendarbeit. Im Anschluss Bildung von themenspezifischen, klassenübergreifenden Projektgruppen.
> 5. Arbeit in den Projektgruppen zur Lösung des jeweiligen spezifischen Themas über das Schuljahr hinweg.

> 6. Einspeisung der Themen der Jugendlichen in ein formales politisches Verfahren in der Gemeinde.
> 7. Begleitung der Aktivitäten der Jugendlichen im Rahmen des Politikunterrichts mit besonderem Augenmerk darauf, an welchen formalen Verfahren die Jugendlichen gerade teilnehmen und mit welchen Gremien sie in Kontakt sind durch die Fachlehrer/Innen.
> 8. Abschlussfeier und Präsentation der eigenen Erfolge untereinander und gegenüber Politik und Öffentlichkeit.

Der 8er-Rat ist als Schuljahresprojekt in Klasse 8 umfangreich und vielschichtig. Daher braucht er verbindliche Rahmenbedingungen, die vor dem Start des 8er-Rates sichergestellt werden müssen. Dies beinhaltet insbesondere verpflichtende Vereinbarungen zwischen Gemeinde, Politik, Schule und außerschulischer Jugendarbeit.

Die jeweiligen Institutionen verpflichten sich, folgende Rahmenbedingungen sicherzustellen:

Feste Kooperationsvereinbarung mit Gemeinde und Politik
a) Sicherstellen der finanziellen und personellen Ressourcen zur Durchführung des 8er-Rates und der fachlichen Begleitung.
b) Definition der Jugendbeteiligung als Querschnittsaufgabe der Kommune durch den Rat.
c) Verbindliche Vereinbarung, die Anliegen der Jugendlichen in die Beratungen des Rates einzuspeisen und die Jugendlichen an diesem Prozess zu beteiligen.
d) Teilnahme der Verwaltungsspitze an ausgewählten Veranstaltungen des 8er-Rates.
e) Verpflichtung, Einladungen zu Terminen im Namen der Verwaltungsspitze auszusprechen.

Feste Kooperationsvereinbarung mit Schulen
a) Benennung einer zuständigen Lehrerin bzw. eines zuständigen Lehrers aus der Fachschaft Politik pro teilnehmender Schulklasse.
b) Verpflichtung zur Vor- und Nachbereitung der Treffen im Rahmen des Politikunterrichtes und der Unterrichtseinheit „Politik in der Gemeinde".
c) Verpflichtung zur Begleitung einzelner Projektgruppen durch die betreuenden Lehrerinnen und Lehrer.

d) Freistellung der Schülerinnen und Schüler vom sonstigen Fachunterricht zugunsten des außerschulischen Politikunterrichts in den zentralen Foren des 8er-Rates.

Feste Kooperationsvereinbarung mit einem Träger der außerschulischen Jugendbildung

a) Management des Gesamtprozesses und Koordination aller teilnehmenden Institutionen.

b) Moderation der außerschulischen Beteiligungselemente.

c) Begleitung von Projektgruppen.

d) Unterstützung der Jugendlichen beim Direktkontakt mit Expertinnen und Experten sowie der Politik.

e) Information der Jugendlichen über die erzielten Erfolge und Wertschätzung der Leistung der Jugendlichen.

2.1   Strukturen für den 8er-Rat schaffen – ein Praxisbericht

Wir waren viele Jahre selbst in der kommunalen Jugendarbeit tätig. Auf Landkreisebene, als Berater von Gemeinden, später auch beim Landesjugendring Baden-Württemberg als Referent für Jugendbeteiligung oder als freier Berater von Städten und Gemeinden.

Wenn wir diese Aufzählung aus dem Kapitel davor früher gesehen hätten, dann wären wir beide skeptisch geworden. Wie sollen diese Akteure mit diesem Grad an Verbindlichkeit zusammen an einen Tisch gebracht werden? – Und nicht nur an den Tisch, sondern auch in die ganz konkrete Zusammenarbeit. So geht es uns auch heute noch praktisch bei der Einführung eines 8er-Rates. Vor allem pädagogische Fachkräfte aus dem schulischen Bereich empfinden den 8er-Rat am Anfang oft als nicht ganz einfach. Raus aus der Schule, rein in die Kommune, das sorgt für Organisationsaufwand, obwohl doch die Schule Teil der Kommune und die Kommune auch der offizielle Schulträger ist. Schule, Gemeinwesen, Mitarbeitende der Kommunalverwaltung und politisch Verantwortliche der Kommune entwickeln im 8er-Rat einen neuen Weg von Gemeinsamkeit, und das geht nicht ohne Anstrengung – insbesondere dann nicht, wenn die junge Generation gleich mit einbezogen wird.

Zwei konkrete Entwicklungen, die des 8er-Rat-Prozesses der Großen Kreisstadt Emmendingen und der Großen Kreisstadt Waldshut-Tiengen, werden hier näher beschreiben, und zwar so, wie wir dort die Strukturen und das Verfahren konkret auf den Weg bringen und umsetzen konnten. Die grundlegende Verbind-lichkeit der Partnerinnen und Partner ist die Voraussetzung für einen gelingenden 8er-Rat. Aber wenn man ehrlich ist, dann ist sie auch die Voraussetzung für jede ernst gemeinte Jugendbeteiligung.

In der Entwicklungsphase zu den 8er-Räten erlebten wir die beteiligten Part-ner von Schule und Jugendarbeit erst einmal sehr zurückhaltend. Schule stellte sich immer wieder die Frage, wie ein aus ihrer Sicht so zeitintensives Verfahren in die unterrichtliche Vormittagspraxis integriert werden kann, und die außerschu-lische Jugendbildung stellte sich die Frage nach ihrem Kooperationsverständnis in Bezug auf Schule. Ein mit der Verwaltungsspitze und der Kommunalpolitik abgestimmtes Verfahren schaffte jedoch immer Klarheit darüber und motivierte den außerschulischen Bereich, offen und offensiv auf Schule zuzugehen und über diese Art der Kooperation in den Austausch zu treten. Zu Hilfe kamen uns dabei (zumindest in Baden-Württemberg) die neuen Bildungspläne im Bereich Politik für die Klassen 8 bis 10. Dort wurde die Kommunalpolitik neu aufgenommen und das Ziel formuliert: Die Schülerinnen und Schüler kennen die Beteiligungs-möglichkeiten nach der Gemeindeordnung Baden-Württemberg. Hiermit ist der neue Paragraf 41a gemeint, der eine verbindliche Beteiligung (die Gemeinde muss Jugendliche beteiligen) regelt. Das waren in beiden Kommunen hervorra-gende Voraussetzungen, um Synergien zu schaffen. Des Weiteren haben Kommu-nen heutzutage das Bedürfnis, mit Schulen auch im inhaltlichen Bildungskontext zusammenzuarbeiten – und zwar nicht nur bei Sanierungs- oder Gestaltungs-themen der neu gebauten Mensa oder bei der niemals endenden Frage nach der Sanierung der Schultoiletten.

Politik und Verwaltung stellten die Frage, warum nur ein Jahrgang in den Mittelpunkt der Jugendbeteiligung gerückt wird. Plausibel wurde für viele Poli-tikerinnen und Politiker die Argumentation des Bildungsplans und die Vorstel-lung, dass sich nach fünf Jahren erfolgreicher 8er-Rats-Aktivität das Interesse an Politik und Engagement tatsächlich gesteigert hat. Manche Politikerinnen und Politiker fanden es auch wichtig, die örtlichen Schulen nicht nur über die Haus-haltsberatungen zu thematisieren, sondern echte Begegnungen miteinander zu ermöglichen. Die in einem Gemeinderat sitzenden Lehrerinnen und Lehrer oder Schulleitungen sind meist die ersten Fürsprecherinnen und Fürsprecher für dieses Modell.

Jugendbeteiligung ist eine Querschnittsaufgabe aller Verwaltungsbereiche. Die Jugendreferate bringen gute Voraussetzungen für die Koordination und Kommu-nikation mit. Zur Weiterarbeit und Umsetzung einzelner Ergebnisse braucht es Mitarbeitende aller Fachämter. So finden sich häufig viele Anliegen der Jugendli-chen letztendlich in den Bauämtern bzw. Stadtplanungsämtern wieder.

Einer der zentralen Diskussionsstränge hierbei ist schwerpunktmäßig, welche Rolle und Verankerung Schule als Ort der Bildung im Gemeinwesen hat. Hierbei haben wir die Erfahrung gemacht, dass die am Ort der Schule lebenden Lehrerinnen und Lehrer ein weit größeres Verständnis für die Vernetzung von Schule und kommunaler Jugendbeteiligung haben als jene, die schon früh morgens eine weite Anfahrt zum Schulstandort hinter sich gebracht haben. Das Wissen über die politischen Diskussions- und Entwicklungsthemen der pädagogisch handelnden Menschen, die am Ort bzw. in der Region der Jugendlichen leben, fördert die Bereitschaft, handlungsorientiert und lebensweltbezogen an das Thema Lebensraum Kommune und Jugendbeteiligung heranzugehen.

Organisatorisch wurde immer wieder die Frage gestellt, wie mit den sogenannten Einpendlerjugendlichen umgegangen werden soll. Das sind die Jugendlichen, die aus den meist in ländlichen Regionen liegenden kleineren Gemeinden in die Schulstandorte einpendeln. Bis jetzt haben wir hier immer einen Lösungsansatz gefunden. Es gab Jugendliche, die punktuell für ihre Heimat- bzw. Herkunftsgemeinde eine eigene Arbeitsgruppe eröffnet und die Ergebnisse eigenständig in ihre Rathäuser gebracht haben. Ein flankierender und informierender Brief des Oberbürgermeisters an seine Nachbarkollegen war dabei unterstützend hilfreich und hat u. a. auch schon dazu geführt, dass die Nachbargemeinden ein eigenes Jugendbeteiligungsverfahren auf den Weg gebracht haben.

Eine gute Voraussetzung für das Weiterführen des 8er-Rates wäre es, wenn die schon erfahrenen Lehrerinnen und Lehrer auch den nachfolgenden Jahrgang begleiten könnten. Da dies in der schulischen Planung nicht leicht umsetzbar ist, kommen meist neue Lehrerinnen und Lehrer hinzu. So müssen sich alle immer wieder darauf einstellen, neue beteiligte Menschen mit in den Arbeitsrhythmus zu holen.

Eine absolute Bereicherung ist das Mitwirken der Schulsozialarbeiterinnen und Schulsozialarbeiter. Sie bilden häufig eine Brücke zwischen den Systemen Jugendarbeit und Schule. Da die Schulsozialarbeiterinnen und Schulsozialarbeiter meist bei der Kommune oder bei einem freien Träger der Jugendhilfe angestellt sind, gibt es in der Regel eingespielte Kommunikationswege zwischen den unterschiedlichen Akteuren.

Die direkte Begegnung mit den Jugendlichen in der Großgruppe scheint ein sehr wichtiger Augenblick in der Arbeit des 8er-Rates zu sein. Viele Menschen, die noch keine Erfahrung mit einer Großgruppe gemacht haben, können sich kaum vorstellen, wie mehr als 50 Jugendliche in einer Halle oder in einem Raum konzentriert arbeiten. Die Politikerinnen und Politiker erleben nun im 8er-Rat Jugendliche, die ihnen aufmerksam zuhören. Die ersten methodischen Schritte zum erfolgreichen Arbeiten werden gegangen, das in manchen Köpfen haftende

Chaos bleibt aus. Die gestellten Fragen animieren zum Nachdenken und Antworten, und die Jugendlichen kommen in einen Arbeitsflow. Die anwesenden Lehrerinnen und Lehrer formulieren, dass sie ihre Jugendlichen so kaum kennen und erfahren. Welchen Beitrag die Moderation hierzu leistet, wird im folgenden Kapitel beschrieben.

2.2 Den 8er-Rat moderieren – ein Praxisbericht

Wir moderieren seit vielen Jahren Jugendforen in zahlreichen Städten und Gemeinden. Die Teilnehmerzahl reicht dabei von 100 bis zu 700 Jugendlichen in der Spitze. Selbst eine so große Moderation machen wir häufig allein.

Wenn man die Dynamiken in einer Großgruppe verstanden hat und einen lockeren Zugang zu ganz unterschiedlichen Jugendlichen als innere Haltung mitbringt, dann gelingt so eine Moderation immer. Es ist nur eine Frage guter Planung und motivierender Arbeitsaufträge an die Jugendlichen. Denn wenn Jugendliche sich freiwillig zu einem Forum anmelden, dann bringen sie auch die Bereitschaft zur Mitarbeit mit. Beim 8er-Rat ist das anders. Er ist für jeden Großgruppenmoderator eine Herausforderung.

Normalerweise setzen wir in der Jugendbeteiligung auf das Prinzip der Freiwilligkeit. Die teilnehmenden Jugendlichen haben sich mal mehr mal weniger bewusst für die Teilnahme an der Veranstaltung entschieden und bringen damit eine grundlegende Bereitschaft zur Mitarbeit mit. Beim 8er-Rat klammern wir hingegen das Prinzip der Freiwilligkeit bewusst aus. Wir wollen, dass auch diejenigen Jugendlichen eine positive Beteiligungserfahrung machen können, die sich nie freiwillig zu solch einem Jugendforum angemeldet hätten. Nur so gelingt es uns, auch Beteiligungsungeübte aus beteiligungsfernen Elternhäusern zu erreichen.

Damit ist der Anfang eines jeden 8er-Rates anders als ein normales Jugendforum. Jugendliche kommen in einen großen Saal als Schulklasse und setzen sich auch so hin. Der Großteil ist nicht motiviert für das, was da kommt. Die Klasse teilt sich wie immer in Interessierte und Desinteressierte. Die Jugendlichen sind noch ganz gefangen in der Schülerrolle.

Die eigentliche Herausforderung bei der Moderation des ersten 8er-Rats-Forums ist es, den Jugendlichen verständlich zu machen, dass sie zwar als Schulklasse gekommen sind und dass ihre Lehrerinnen und Lehrer sie begleiten, aber dass sie sich jetzt für diese Veranstaltung in einem außerschulischen Raum befinden. Dass hier jeder Gedanke erlaubt ist, der ihnen selbst wichtig ist, und dass es keine positive oder negative Bewertung ihrer Leistung gibt. Es geht schlicht darum, mal ganz unbegrenzt zu formulieren, was in der Stadt oder Gemeinde nervt und sich ändern sollte. Was an der eigenen Schule nicht zufriedenstellt und daher anders werden müsste. Es geht um die eigene, ungeschützte Meinung und nicht darum, das Erwünschte zu sagen.

Bis das gelingt, ist es jedoch ein weiter Weg. Denn wenn ganze 8. Schulklassen von unterschiedlichen Schulen und Schularten den Raum betreten, dann stehen für die Jugendlichen zunächst ganz andere Fragen im Vordergrund als die, was sie im Gemeinwesen verändern wollen.

Interessiert und skeptisch zugleich werden die anderen beäugt. Hauptschüler und Gymnasiasten schenken sich dabei gegenseitig nichts. Beide Gruppen sind füreinander wie fremde Tiere aus dem Zoo.

Einzelne kennen sich vom Fußball oder aus einem Verein. Man sagt sich freundlich Hallo, aber setzt sich dennoch zuerst getrennt nach Schulklassen. Die Binde- und Abgrenzungsfunktion des Klassenverbandes ist dominanter als alle anderen Beziehungen im Raum.

Für uns als Moderatoren des Forums ist daher der Anfang von zentraler Bedeutung.

> **Wir setzen uns folgende Ziele**
> 1. Die Jugendlichen sollen ganz schnell verstehen, dass wir keine Lehrer, sondern ein außerschulischer Partner für sie sind.
> 2. Die Jugendlichen sollen die anderen kennenlernen können, um über die eigene Schulklasse hinaus Teams zu bilden.
> 3. Alle Jugendlichen sollen hier zu Wort kommen können.
> 4. Wer nicht mitmachen möchte, wird auch nicht gezwungen. Denn Beteiligung ist nur echt, wenn sie freiwillig geschieht.
> 5. Die Jugendlichen sollen direkte Kontakte mit Politik und Verwaltung bekommen. Sie sollen selbst ihre Anliegen vortragen und für sie streiten.

Um unser erstes Ziel schon mit dem ersten Satz zu erreichen, setze ich, Erik Flügge, beispielsweise meist auf einen sehr markigen und völlig unangebrachten Anfang. Ich sage so etwas wie „Guten Morgen zusammen, geiler Scheiß, dass wir so viele Leute hier haben!" – Dann geht ein Raunen durch den Raum, und die Jugendlichen schauen sich irritiert an. Danach stelle ich mich persönlich vor. Zum Beispiel so: „Ich heiße Erik und sagt bitte Du zu mir. Ich bin nämlich kein Lehrer." – Der Anfang ist gemacht, aber es wird noch sehr lange dauern, bis wirklich alle Jugendlichen aufhören, uns zu siezen. Aber zumindest verstehen alle, der ist anders als unsere Lehrer.

Natürlich passt diese Form nicht zu jeder Moderatorin und zu jedem Moderator. Mein Kollege, Udo Wenzl, löst es anders. Er würde nie „geiler Scheiß" sagen. Aber auch er sucht nach den passenden Worten und Gesten, um von Anfang an deutlich zu machen, dass er nicht als Lehrer auftritt.

Das Anderssein als ein Lehrer testen die Jugendlichen auch sehr schnell ab. Einzelne machen einen dummen Spruch in unsere Richtung und schauen, ob wir das unterbinden. Wenige ziehen ihr Handy heraus und tippen demonstrativ darauf herum, während wir moderieren. Sie wollen testen, ob wir nicht doch heimlich Lehrer sind. In diesen Momenten ist es essenziell, die eigene Rolle sehr präzise verstanden zu haben. Wir selbst sind Moderatoren und Unterstützer, aber nicht Lehrende und nicht Erziehende. Wir lassen die Provokationen schlicht geschehen. Sie dürfen uns nicht treffen, wir dürfen sie nicht beenden, sondern müssen mit einem dummen Gegenspruch reagieren, einzelne Jugendliche anpöbeln und einen spielerischen Umgang mit Angriffen und Verweigerungen finden. Im Zweifelsfall hilft es schon, sie zu ignorieren. Aber – und das ist die zentrale Herausforderung – im Ignorieren darf sich kein Autoritätsverlust begründen. Für uns heißt das beispielsweise konkret: Wir sagen zu der jungen Frau mit dem Handy in der Hand: „Ist okay, wenn du mit dem Handy hier spielst, wird dann halt schnell langweilig für dich. Aber ich halte dich nicht auf. Ist nicht mein Job." Damit verdeutlichen wir zugleich, dass wir nicht maßregelnd wirken wollen, aber hier durchaus einen Job machen. Dieser Job ist es, Fragender und nicht Lehrender zu sein, Ermöglicher und Motivator, nicht Erziehender.

Das zweite Ziel, die Jugendlichen miteinander in Kontakt zu bringen, ist ganz klassisches Geschäft der Großgruppenpädagogik. Es gibt hierfür viele Formen, Methoden und Stile. Manche Moderatorinnen und Moderatoren lassen die Jugendlichen zusammen etwas basteln, andere mischen die Gruppen immer wieder methodisch neu durch und regen Gespräche an. Wir für unseren Teil setzen auf zwei Elemente, weil sie zu unserem Stil passen: Bewegen und Spielen.

Für die Bewegung nutzen wir die Methode der Raumsoziometrie. Wir stellen den Jugendlichen Fragen, zu denen sie sich ganz persönlich positionieren sollen. Diese Fragen sollen vom Klang her schon ganz anders sein, als sie Lehrerinnen und Lehrer stellen würden. Zum Beispiel lautet eine solche Frage: „Wie findest du die Stadt, in der du lebst?" – Dann zeigen wir auf vier Ecken und schlagen Antwortmöglichkeiten vor: „Das hier ist der Arsch der Welt, ich will hier weg.", „Ich find's ganz okay. Passt schon.", „Eigentlich ganz gut hier.", und „Ich wohn im geilsten Kaff der Welt."

Die Jugendlichen stellen sich dann in die Ecke, für die sie sich entschieden haben. Wir weisen immer wieder darauf hin, dass sie vollkommen ehrlich sein sollen. Sie dürfen auch sagen, dass sie ihre Stadt nicht mögen. Weitere Fragen können sein: „Wie viel Bock habt ihr auf die Veranstaltung hier?", „Politiker finde ich …?", oder eine Aufstellung nach Geburtsdatum oder alphabetisch nach Vorname. Wichtig ist uns vor allem, dass Bewegung in die Gruppe kommt. Sie soll sich immer neu und anders vermischen. Ein schöner Nebeneffekt: Durch die Positionierung im Raum artikulieren sich alle Jugendlichen bereits. Sie geben ein Statement ab, ohne am Mikrofon etwas sagen zu müssen.

Der zweite Ansatz, den wir schätzen, ist das Spiel in der Großgruppe. Bei Achtklässlern ist die Erinnerung an das Spiel in der eigenen Kindheit noch sehr präsent. Eigentlich haben sie den Wunsch, sich von dieser Kindheit aktiv abzugrenzen, um jetzt als „Erwachsene" anerkannt zu werden, aber mit ein bisschen Motivation kann man auch mit noch so coolen Achtklässlern Spiele spielen. Das Spiel in der Großgruppe hat den großen Vorteil, dass Rollen aufgebrochen werden und sich die Atmosphäre vom schulischen Ernst hin zur außerschulischen Freizeitgestaltung verschiebt. Dadurch werden die Jugendlichen langsam aus ihrer Identität als Haupt-, Real-, Gymnasial- oder Förderschüler herausgelöst, und es können neue Gruppen- und Interessensverbindungen entstehen.

Mit der raumsoziometrischen Methode ist bereits die Grundlage für unser drittes Ziel gelegt. Durch die Positionierung im Raum kommen alle zu Wort. Aber bisher sind diese Worte vor allem unausgesprochen. Sie nun zur Sprache zu bringen ist uns in der Moderation wichtig. Darum lassen wir die Jugendlichen in immer neu gemischten kleinen Gruppen immer wieder neu formulieren, was sie in der Stadt stört und was ihnen gefällt, was sie ändern wollen, und was sie unbedingt erhalten möchten. Vor der Großgruppe muss sich noch lange niemand äußern. Das Aussprechen der eigenen Position und das Rückversichern, dass diese Position in Ordnung und gut ist, passiert zuerst im geschützten Rahmen der kleinen Gruppe.

Wir lassen die Jugendlichen schließlich ihre Positionen auf Karten notieren. Rot für alles, was sich ändern solle und grün für alles, was erhaltenswert ist oder zusätzlich gebraucht wird. Das Ganze versehen mit der klaren Ansage, dass alles, was wir jetzt nicht auf diese Karten schreiben, im Laufe des Schuljahres nicht besprochen und bearbeitet werden wird. Hierfür bekommen die Jugendlichen viel Zeit.

Im Anschluss clustern wir die Ergebnisse und bilden Themenfelder. Dann entscheiden sich die Jugendlichen in einer Abstimmung mit den Füßen dafür, welches Thema sie auf der folgenden Konferenz gerne ausarbeiten wollen, und bilden Kleingruppen. Besonders wichtig dabei ist, dass möglichst Schüler aller

Schularten zusammen in einer Gruppe sein sollten. Schließlich ist der 8er-Rat mehr als nur eine Jugendbeteiligung – das Modell ist auch eine Jugendbegegnung zwischen sonst so stark getrennten Lebenswelten.

Eine ganz grundlegende Haltungsfrage zieht sich wie ein roter Faden durch unsere Moderation. Es ist das Prinzip der Freiwilligkeit. Beim 8er-Rat entscheiden wir uns ganz grundsätzlich dafür, den Zugang zur Jugendbeteiligung unfreiwillig zu gestalten. Alle Schüler der teilnehmenden Klassen müssen teilnehmen. Es herrscht Anwesenheitspflicht genau wie in der Schule. Zu den Standards jeder ordentlichen Jugendbeteiligung gehört aber die Freiwilligkeit aus gutem Grund dazu. Die Jugendlichen sollen nicht produzieren, was uns Erwachsenen gefällt, und nichts produzieren, weil sie es müssen, sondern sie sollen sich selbst dafür entscheiden, sich einzubringen oder auch nicht. Denn auch die aktive und bewusste Entscheidung gegen die Beteiligung ist eine demokratisch legitime Entscheidung.

Deshalb lassen wir jede Form des Aussteigens aus der Beteiligung bei gleichzeitiger Verpflichtung zur Anwesenheit zu. Zeitweise ist es in einem 8er-Rat auch mal so, dass 10 % der Jugendlichen sich an den Rand setzen und lieber mit ihrem Handy spielen. Uns stört das natürlich, aber wir halten es aus. Heißt das doch immer noch, dass wir gerade 90 % erreichen. Viel mehr als bei jeder anderen Form der Jugendbeteiligung. Bisher war es am Ende immer so, dass die Beteiligung auf 100 % anstieg – aber selbst wenn es weniger wäre, wir fänden es verkraftbar.

Der Grund, warum wir überhaupt 100 % Beteiligung im 8er-Rat erreichen können, liegt im zweiten 8er-Rats-Forum begründet. In diesem Forum organisieren wir eine echte Begegnung zwischen Politik, Verwaltung und den Jugendlichen. Konkret heißt dies, wir überprüfen am Anfang des zweiten Forums mit den Jugendlichen, ob sie sich am ersten Forum für die richtige Projektgruppe entschieden haben und sich mit dem ausgewählten Thema weiterhin identifizieren können. Dann geht die Arbeit in den Kleingruppen los.

Wir ermutigen die Jugendlichen dazu, ihre Themen zu diskutieren, sich eigene Lösungsvorschläge zu überlegen und diese liebevoll als Plakate zu gestalten. Immer wieder unterbrechen wir diesen Arbeitsprozess, um den Jugendlichen zu verdeutlichen, dass wir jetzt gerade mehr von ihnen erwarten als ein eben mal schnell gestaltetes Plakat. „Ihr macht das nicht für mich. Ich gebe euch keine Note. Nachher kommen der Bürgermeister und das halbe Rathaus. Entweder ihr begeistert die oder ihr blamiert euch. Mein Problem ist das nicht." – Selbstredend ist es auch unser Problem, wenn die Jugendlichen sich nicht für den Prozess engagieren und die gesamte Politik der Stadt das bemerkt, aber es ist wichtig, den Jugendlichen zu verdeutlichen, dass sie gerade nicht üben, sondern wirklich liefern müssen. Je schlagkräftiger ihre Vorbereitung ist, desto wahrscheinlicher wird es, dass wir etwas erreichen.

Am Ende des Vormittags sind die Plakate dann fertig vorbereitet. Bunte, spannende, argumentationsstarke und liebevoll gestaltete Plakate aller Gruppen. Diese hängen wir im ganzen Saal auf, und die Jugendlichen stellen sich zu ihren Plakaten. Bürgermeister, Stadträte und Verwaltungsmitarbeiterinnen und -mitarbeiter kommen dann dazu und hören sich keine Vorträge an. Stattdessen teilen sie sich auf und gehen in den direkten Dialog mit den Jugendlichen am Plakat. Sie erleben, dass die Jugendlichen selbst für ihr Thema brennen. Dass diese gut vorbereitet sind und kompromissbereit. Weil man auch in einer Beteiligung von Jugendlichen erklären kann, warum etwas nicht einfach zu lösen ist oder man um die Ecke denken muss. Entscheidend für den weiteren Prozess wird dieser Dialog. Denn die Erwachsenen erleben, dass in unserem Verfahren Jugendliche nicht instrumentalisiert werden, sondern eigene Interessen einbringen, und die Jugendlichen erleben, dass ihnen wirklich zugehört wird.

Nach dieser Begegnung ist die Motivation, die Themen in der Folge gemeinsam zu lösen, auf beiden Seiten groß – sowohl bei den Erwachsenen in den unterschiedlichen Fachämtern und Fachausschüssen als auch bei den Jugendlichen in ihren Themengruppen. Das legt den Grundstein für den weiteren Prozess des 8er-Rates und macht konkrete, messbare Erfolge möglich.

Arbeitsgruppen im 8er-Rat – wie Jugendliche bei der Lösungsfindung begleitet werden können

3

Die Arbeit in den Arbeitsgruppen ist ein zentraler und wichtiger Bestandteil des 8er-Rates. Ob der 8er-Rat aus 80, 120 oder 220 Jugendlichen besteht, ist jetzt erst einmal zweitrangig. Es gibt nie eine zu große Gruppe, sondern höchstens nicht den richtigen Zugang oder die richtige Methode. Grundsätzlich wichtig ist, dass die Arbeitsgruppen auch weiterhin schulübergreifend tätig sind und durch Erwachsene begleitet werden.

In der Grundkonzeption zum 8er-Rat sind wir von drei Treffen à drei Stunden schulübergreifender Arbeit in Themen- und Workshopgruppen ausgegangen. Das funktioniert dort, wo Schulen und der zentrale Arbeitsort (z. B. die Stadthalle, das zentral gelegene Haus der Jugend, o. Ä.) in kurzer Zeit erreichbar sind. Dies gelang in den hier beschriebenen 8er-Räten in Freiburg und Emmendingen. Aufgrund längerer Fahrwege in Waldshut-Tiengen haben sich die Verantwortlichen auf zwei zeitlich ausgedehnte Arbeitsgruppentreffen geeinigt.

Wichtig bei der Begleitung der Arbeitsgruppen sind die erwachsenen Moderatorinnen und Moderatoren bzw. Gruppenbegleiterinnen und Gruppenbegleiter. Dies sind in der Regel die Mitarbeitenden der Kommune/des Trägers und die begleitenden Lehrerinnen und Lehrer. Diese Phase muss gemeinsam gut vorbereitet sein, da hier die unterschiedlichen Systeme, in denen z. B. die Jugendarbeiterinnen und Jugendarbeiter sowie Lehrerinnen und Lehrer arbeiten, Auswirkungen auf die konkrete Arbeit mit Jugendlichen haben können. Auch geht es darum, dass der 8er-Rat als gemeinsame Arbeit gesehen und verstanden wird. Außerdem können die Expertinnen und Experten, die bei der zweiten 8er-Rats-Konferenz aktiv waren, bei den Arbeitsgruppen mitarbeiten. Das ist eine absolute Bereicherung und zeigt den Jugendlichen die Ernsthaftigkeit der gesamten Jugendbeteiligung.

© Springer Fachmedien Wiesbaden GmbH, ein Teil von Springer Nature 2018   17
E. Flügge und U. Wenzl, *Der 8er-Rat*, essentials,
https://doi.org/10.1007/978-3-658-22022-8_3

In den Arbeitsgruppen wird an den grundsätzlichen Themen, Anliegen und Überlegungen lösungsorientiert weitergearbeitet. Ziel hierbei ist neben der inhaltlichen Arbeit auch das Erstellen einer Präsentation, die dann in einem politischen Rahmen vorgestellt werden kann. Folgende Fragen werden dort mit Blick auf das Thema diskutiert und verschriftlicht:

1. Was ist konkret zu tun? Was wollen wir erreichen?
2. Wie soll das Erreichte konkret aussehen?
3. Wen brauchen wir noch dazu?
4. Was können wir selbst dazu beitragen?
5. Wann sollte die Umsetzung starten?

Mit diesen Leitfragen können die Jugendlichen gut arbeiten, Antworten und Lösungsansätze finden. Manche Gruppen haben sich auch schon konkret auf den Weg gemacht. So haben z. B. Jugendliche in Waldshut-Tiengen bereits Sponsoren gefunden.

Die Abschlusspräsentation der Jugendlichen kann in einer dritten 8er-Rat-Konferenz stattfinden oder in einem politischen Gremium der Gemeinde (z. B. Ausschuss oder Gemeinderat).

3.1 Die Gestaltung von Raum als Element gelingender Arbeit

Räume haben Wirkung auf Menschen und ihr Wohlbefinden. Fühle ich mich schon beim Eintritt in einen Raum, z. B. in eine Halle, willkommen, dann betrete ich diesen Raum anders, als wenn ich mich nicht eingeladen fühle. Gerade für die Großgruppenveranstaltung braucht es manchmal Räume, wie z. B. eine Sport- oder Stadthalle, die von ihrer eigentlichen Zielsetzung überwiegend für andere Zwecke definiert sind und somit auch anders genutzt werden. Konzentration, Leistungskraft und Bereitschaft zum Engagement sind immer auch eine Frage der Raumgestaltung. Dies sollte bei der Planung stets berücksichtigt werden. Wir können uns nicht immer die Räume für einen 8er-Rat aussuchen, aber wir können diese mit dem Bewusstsein und dem Wissen über Raumgestaltung von Anfang an konkret gestalten.

Wenn wir über den Raum, in dem wir arbeiten, nachdenken, dann versuchen wir die eigentliche Funktion des Raumes in den Hintergrund treten zu lassen. Haben wir es mit einer Sporthalle zu tun, dann stellen wir viele Stühle hinein. Haben wir es mit einer Stadthalle zu tun, dann räumen wir alle Stühle heraus und lassen die Jugendlichen auf dem Boden sitzen. Stets hat dies zum Ziel, möglichst wenig Erinnerung an den eigentlichen Zweck des Raumes übrig zu lassen.

Nicht zuletzt gewinnt man Jugendliche in der Pubertät auch über den Magen. Wir sorgen dafür, dass es bei den Veranstaltungen stets genug zu essen gibt. Jugendlichen gibt dies das Signal, dass sie nicht nur willkommen sind, sondern auch für ihre besondere Leistung für die Kommune wertgeschätzt werden.

Ganz besonders hilfreich sind für uns Räume, die politisch relevant sind. Beispielsweise ein Ratssaal. Kann man diesen mit einer Arbeitsgruppe nutzen, dann muss man diesen Raum ganz gewiss nicht umbauen. Denn die Jugendlichen dürfen jetzt einen Raum nutzen, der genau dem Zweck dient, an dem sie gerade mitwirken: Demokratie.

Im Mittelpunkt unserer ganzen Arbeit – bei der Moderation, bei der Begleitung und auch bei der Auswahl der Räume – steht stets der Gedanke, Jugendlichen eine positive Erfahrung mit der Demokratie zu ermöglichen. Wir wollen eine emotionale Verbindung zwischen dem abstrakten Gegenstand unserer Gesellschaftsordnung und dem konkreten Leben der Jugendlichen herstellen. Denn genau diese emotionale Bindung ist das, was für zukünftiges Engagement motiviert.

3.2   Es ist den Aufwand wert – Selbstwirksamkeit als Schlüssel zur gesellschaftlichen Teilhabe

Was geht in den Köpfen der Jugendlichen vor, wenn wir sie bei der ersten Begegnung mit einer komplizierten Aufgabe konfrontieren? Einigen sehen wir sofort an, dass sie intuitiv denken „Das kriege ich niemals hin." Andere hingegen sind unmittelbar der festen Überzeugung „Kein Problem, los geht's!" Zwischen diesen beiden inneren Haltungen liegen Welten. Die eine Grundeinstellung führt zu Frustration und Misserfolg, während die motivierten Jugendlichen die Aufgabe mit aller Wahrscheinlichkeit sehr kreativ lösen werden. Woher rührt der Unterschied in ihrer Selbsteinschätzung? Die Antwort verbirgt sich hinter dem Konzept der *Selbstwirksamkeit.*

Selbstwirksamkeit ist eine Erwartungshaltung. Die Grundannahme besagt, dass subjektive Überzeugungen in hohem Maße für die persönliche Motivation und für gelingendes Handeln verantwortlich sind. Seit der kanadische Psychologe Alfred Bandura dieses Konzept 1977 im Rahmen seiner sozial-kognitiven Theorie entwickelte, stößt es in der Lernpsychologie auf breite Resonanz. Es findet im schulischen Umfeld und in weiteren Handlungsfeldern sowie in zahlreichen empirischen Studien Anwendung. Selbstwirksame Personen weisen eine Gewissheit dafür auf, dass sie auch schwierige Anforderungen mithilfe der eigenen Kompetenzen bewältigen können. Es geht nicht um maßlose Selbstüberschätzung oder darum zu denken, dass die Weisheit vom Himmel fällt. Es geht um das Selbstvertrauen, sich durch Übung und Lernen in die Lage zu versetzen, Herausforderungen erfolgreich zu meistern. Die „Handlungs-Ergebnis-Erwartung" ist entscheidend für die Aneignung von persönlichen Kenntnissen und Fähigkeiten (vgl. Schwarzer und Jerusalem 2002, S. 35).

Fehlende Selbstwirksamkeit verursacht Zweifel gegenüber der eigenen Begabung und Konzentrationsschwächen. Dies hat bei Menschen jeden Alters erhebliche Auswirkungen auf die Bewältigung von Stresssituationen sowie auf das Lern- und Leistungsverhalten. Kreativität und Innovation sind mit schwach ausgeprägter Selbstwirksamkeitserwartung kaum zu erreichen. Zwangsweise lösen fehlende Erfolgserlebnisse psychisches und körperliches Unwohlsein aus und münden in erhöhter Lebensunzufriedenheit.

Die Wahrnehmung von Selbstwirksamkeit ist demnach die Voraussetzung, individuelle Handlungsmöglichkeiten zu entwickeln. Unabhängig von den intellektuellen Fähigkeiten beeinflusst eine positive Selbstwirksamkeitserwartung die Leistungsergebnisse. Diese Personen setzen sich in ihren Lebensbereichen höhere Ziele und schrecken nicht vor Anstrengung und Ausdauer zurück. Es gelingt ihnen wesentlich besser, ihre Ideen und Vorhaben in konkretes Handeln zu verwandeln. Die Auswirkungen auf das eigene Anspruchsniveau, das strategische Denken und die Effektivität der Problemlösung sind enorm. Das Vertrauen in die persönlichen Kompetenzen ermöglicht eine aktive Lebensbewältigung (vgl. Schwarzer und Jerusalem 2002, S. 36 f.).

Die folgenden Aussagen sind nach Schwarzer und Jerusalem (2002) charakteristisch für Personen mit einem hohen Maß an Selbstwirksamkeit:

- „Schwierigkeiten sehe ich gelassen entgegen, weil ich immer auf meine Fähigkeiten vertrauen kann."
- „Wenn ein Problem auftaucht, kann ich es aus eigener Kraft meistern."
- „Auch bei überraschenden Ereignissen glaube ich, dass ich gut damit zurechtkommen kann."

Auf kollektiver Ebene kann ebenfalls eine „Gruppen-Selbstwirksamkeit" das gemeinsame Wirkungspotenzial verstärken. Wenn Teammitglieder Vertrauen in die Gruppenressourcen aufweisen, wirkt sich diese kollektive Selbstwirksamkeit positiv auf die Zielsetzung und Umsetzung eines Projekts aus. Ein entscheidender Faktor ist dabei die Widerstandsfähigkeit im Falle unerwarteter Hürden – selbstwirksame Teams erholen sich leichter von Rückschlägen und unterstützen sich wechselseitig in ihren Bemühungen. Diese allgemeinen Erkenntnisse lassen sich situations- und bereichsspezifisch anwenden (vgl. Bandura 2000, S. 76 f.).

Denken wir also an das Jugendforum zurück. Ein Jugendlicher, welcher noch wenig Selbstwirksamkeit besitzt, könnte sich nun fragen: „Das klingt schön und gut, aber wie erreiche ich diese Selbstwirksamkeit?" Die oberflächliche Antwort eines Pädagogen wäre: „Wir stärken und fördern deine Kompetenzen." Wie aber entsteht Selbstwirksamkeit genau, und kann dieser Prozess von außen beeinflusst werden? Alfred Bandura ermittelt die vier Quellen der Selbstwirksamkeit:

1. eigene Erfolgserfahrungen
2. Lernen an Modellen und von Vorbildern
3. Emotionale und soziale Unterstützung erhalten
4. Stressreaktionen mindern

Zur gezielten Förderung der Selbstwirksamkeit von Kindern und Jugendlichen müssen demnach Lernumgebungen kreiert werden, in denen die vier Quellen bestmöglich berücksichtigt werden. Zunächst sollten konkrete und erfüllbare Ziele gesetzt werden. Dafür können am Anfang auch passende Lösungsstrategien mit an die Hand gegeben werden. Noch wirkungsvoller ist es, wenn die Jugendlichen eine Aufgabe bewältigen, dessen Lösung sie selbst entwickelt haben. Wenn sich die Anstrengung auszahlt und eigene Erfolge erlebt werden, steigt automatisch das Selbstvertrauen für zukünftige Projekte. Zudem verkraften Jugendliche dann Rückschläge in neuen Situationen weitaus besser. Ein häufiges Problem junger Menschen sind intuitive Emotionen (z. B. Herzrasen), die fälschlicherweise als Schwäche interpretiert werden. Für den Anfang ist es daher sinnvoll, Jugendliche verbal von den eigenen Fähigkeiten zu überzeugen. Kurz gesagt: Persönliche Erfahrungen stärken die Selbstwirksamkeit (vgl. Bandura 1994, S. 72).

Was bedeutet Selbstwirksamkeit für die Entwicklung junger Menschen? Selbstwirksame Jugendliche sind in der Lage, für ihr eigenes Leben viele verschiedene Optionen in Betracht zu ziehen. Gesellschaftlich wichtig ist vor allem, dass positive Zukunftsszenarien vorstellbar werden. Dabei nehmen die Jugendlichen in der Erreichung ihrer Ziele eine aktive Rolle ein (vgl. Bandura 1995, S. 5 f.). Eine viel beachtete Studie von Jerusalem und Mittag (1995) hat beispielsweise gezeigt, dass junge, hoch selbstwirksame Menschen, die nach dem Mauerfall nach Westdeutschland kamen, wesentlich erfolgreicher waren als weniger selbstwirksame. In ihren Augen stellte die neue Situation eine Herausforderung und keine Gefahr dar.

Wichtig ist, dass die Leistungserfahrungen stark von dem persönlichen Umfeld abhängen. In welchen Situationen können junge Menschen erste Erfolge erleben? Hier zeigt sich, dass günstige familiäre Umstände manche Jugendliche in ihren Ausgangsbedingungen bevorteilen. Jugendliche, die als Kinder in ihrem familiären Umfeld ernst genommen wurden, soziale Unterstützung erfuhren sowie von Vorbildern lernen konnten, sind mit einem höheren Maß an Selbstwirksamkeit ausgestattet. Die Thematisierung politischer Inhalte im familiären Umkreis korreliert stark mit der Bereitschaft der Jugendlichen, sich politisch zu engagieren. Es sind diese Kinder und Jugendlichen, die sich viel eher zutrauen, gesellschaftlich eine Rolle einzunehmen, und sich freiwillig Herausforderungen suchen (vgl. Böhm-Kasper 2006, S. 59 f.).

Wenn wir nun das Konzept der Selbstwirksamkeit auf die politische Partizipation von jugendlichen Menschen beziehen, wird deutlich, dass früh erlebte Erfolge der Schlüssel zur aktiven gesellschaftlichen Teilhabe sind. Nur durch Leistungserfahrungen bauen die Jugendlichen ihre Selbstwirksamkeit auf. Wer bereits früh in politische Projekte eingebunden wird und die Auswirkungen der eigenen Ideen erfährt, wird politische Entscheidungen nicht mehr als etwas Abstraktes wahrnehmen. Jugendliche, die eine solche Wertschätzung gegenüber ihren Ideen miterlebt haben, werden auch zukünftig ihre Vorhaben selbstbewusst umsetzen wollen (vgl. Flügge und Syring 2013).

Die Ausgrenzung von politischer Beteiligung junger Menschen trifft in Deutschland noch immer Kinder und Jugendliche aus bildungsärmeren Familien. Der politische Zugang steht überwiegend Kindern und Jugendlichen aus Akademikerfamilien offen. Kollektiv gedacht führt dies zu einer sozialen Spaltung, die weit entfernt ist von Chancengerechtigkeit. Darüber hinaus schafft die Identifikation mit dem sozialen Leben insbesondere für Jugendliche mit Migrationshintergrund sowie aus sozial schlechter gestellten Familien das Gefühl, ein gleichberechtigtes und ernst genommenes Mitglied der Gesellschaft zu sein. Partizipation verfügt somit über eine starke integrative Wirkung, die sozialer Ungleichheit entgegenwirkt. Insofern ist der Ansatz begründet, dass in ursprünglich unfreiwilligen Begegnungen erste Erfolgserlebnisse ermöglicht werden. Auf diese Weise besteht die Chance, Jugendliche zu erreichen, die sich nicht bereits freiwillig engagieren und ohnehin bereits Selbstvertrauen aufgebaut haben (vgl. Fatke und Schneider 2005, S. 19).

Reale Herausforderungen, von deren Auswirkungen die Jugendlichen unmittelbar betroffen sind, wie beispielsweise vom Bau des Jugendhauses im Ort, bieten optimale Möglichkeiten für die Entwicklung von Selbstwirksamkeit. Die gefühlte Wertschätzung für die Lösungswege der Jugendlichen ist enorm. Der Einbezug in lebensweltliche Entscheidungsprozesse ist für alle Jugendlichen, ganz unabhängig von ihrer Herkunft oder dem Einkommen ihrer Eltern, förderlich für die Stärkung der individuellen Selbstwirksamkeit, der Identitätsbildung und des Verantwortungsgefühls (vgl. Fatke und Schneider 2005, S. 13 ff.).

Das Konzept der Selbstwirksamkeit liefert uns anschaulich eine sozial-psychologische Fundierung für die Jugendbeteiligung im 8er-Rat. Unser Ziel ist es, einen echten Entwicklungsraum für selbstwirksame Jugendliche zu schaffen. Auf diese Weise wird ein gewöhnlicher Schüler zum aktiven Mitglied der Gesellschaft mit der inneren Haltung: „Kein Problem, los geht's!".

3.3 Grundwissen Kommunalpolitik

Für Lehrerinnen und Lehrer, aber oft auch für die kommunale Jugendarbeit, ist die Politik am Ort ein Buch mit sieben Siegeln. Häufig erleben wir, dass diejenigen, die Jugendliche bilden, zur Politik auf Distanz gehen. Sie wollen nicht Teil sein des Spiels um Macht und Einfluss. Wir wollen all den Leserinnen und Lesern, die mit dieser Skepsis auf die Politik schauen, in diesem Kapitel unsere Perspektive auf die Kommunalpolitik näherbringen und ihre grundlegenden Strukturen anschaulich erklären. Denn im Grunde ist die Kommunalpolitik liebenswert.

Politisch Verantwortliche in Kommunen suchen vermehrt den Dialog mit der jungen Generation. Dabei geht es nicht nur um z. B. die Jugendlichen, die in der Jugendfeuerwehr oder einer Pfadfindergruppe aktiv sind, sondern darum, möglichst viele Jugendliche zu erreichen, die in der Gemeinde/Stadt leben oder die Kommune als Schulstandort täglich aufsuchen. Viele (Ober-)Bürgermeister und Bürgermeisterinnen und andere politisch Verantwortliche erkennen den Wert einer verstärkten Kommunikation mit der jungen Generation.

Die Kommunalpolitik ist im Vergleich zur Politik auf Landes- und Bundesebene für Bürgerinnen und Bürger und damit auch für Jugendliche eine relativ leicht zugängliche Ebene im politischen System. Hier kann politische Partizipation gelernt, praktiziert und erfahren werden. Neben den traditionellen Bereichen wie z. B. einem Engagement in Parteien und Wählervereinigungen oder der Mitarbeit in Kommunalparlamenten werden zunehmend auch andere Möglichkeiten der politischen Teilhabe praktiziert: z. B. Aktivitäten im Bereich des „Bürgerschaftlichen Engagements" oder Entwicklungen, die durch eine „Lokale Agenda" angestoßen werden.

Die Gemeinde ist somit der politische Nahbereich, in den Menschen sich aktiv einbringen können – aber auch die junge Generation? Alle Erfahrungen zeigen, dass Jugendliche bei politischen Themen zunächst an Trump, den Brexit oder die AfD denken. Alles auf den ersten Blick keine kommunalen Themen. Und warum? Weil unserer Erfahrung nach die Kommune, die Gemeinde, die Stadt und der Lebensort zunächst nicht als politische Räume erfahren und gesehen werden. Vor diesem Hintergrund ist es wichtig, politische Bildung und Jugendbeteiligung zusammen zu denken und diese auch zu praktizieren.

Kommunen, also Städte, Gemeinden und Kreise, haben somit eine elementare Bedeutung für das Leben ihrer Einwohnerinnen und Einwohner. Durch die Art, wie sie ihren Anforderungen gerecht werden, beeinflussen sie weit mehr als nur die kommunale Entwicklung. Sie tragen mit dazu bei, dass es auch eine soziale und wirtschaftliche Entwicklung geben kann. Somit tragen Kommunalpolitikerinnen und Kommunalpolitiker eine große Verantwortung. Und hierbei können sie sich durch die Perspektiven der Einwohnerinnen und Einwohner Unterstützung und Einschätzungen holen, denn Kommunalpolitik lebt und wirkt durch alle Menschen, die in einer Kommune leben bzw. sich dort aufhalten.

Der wirtschaftliche und soziale Strukturwandel, die demografische Entwicklung, Finanzierungsquellen, die Integration von geflüchteten Menschen sind Aufgaben, die kommunal zu bewältigen sind. Je nach strukturellen und finanziellen Voraussetzungen einer Kommune gelingen diese mal mehr, mal weniger gut. Die (Ober-)Bürgermeisterinnen und Bürgermeister sind hierbei die Prozessgestalterinnen und Prozessgestalter, die Moderatorinnen und Mentoren.

Die kommunale Entwicklung ist geprägt von einem starken zivilgesellschaftlichen Miteinander der Einwohnerinnen und Einwohner, von Bürgerinitiativen, Parteien und Vereinen, Verbänden und der örtlichen Wirtschaft. Wenn alle miteinander bereit sind, sich zu engagieren, dann kann viel gelingen. Und hierzu gehören auch die Kinder und Jugendlichen, die in der Kommune leben.

Wenn Jugendliche ihren Lebensort als politischen Raum entdecken, trifft die immer wieder von Erwachsenen formulierte Aussage zu, dass in diesem Politikfeld eine hohe Einfluss- und Gestaltungsmöglichkeit besteht. Wenn diese Möglichkeit von Jugendlichen erkannt und von Erwachsenen zugelassen wird, dann beschäftigt sich die junge Generation häufig mit folgenden Fragestellungen (vgl. Kenner und Lange 2018, S. 11 ff):

1. Wer entscheidet auf kommunaler Ebene, und wie erreichen Jugendliche ihre Repräsentantinnen und Repräsentanten?
2. Welche Einflussmöglichkeiten auf politische Entscheidungsprozesse hat die sogenannte Zivilgesellschaft?
3. Welche Rechte und Möglichkeiten haben Bürgerinnen und Bürger in der repräsentativen Demokratie, an Entscheidungen mitzuwirken?

Mit dem Buch zum 8er-Rat wollten wir bundesweit einen Impuls setzen, wie Jugendbeteiligung kommunal und in enger Verzahnung mit Schule gestaltet werden kann.

Selbstredend können wir nicht spezifisch auf die einzelnen Länder eingehen, da die rechtlichen Grundlagen durchaus verschieden sind. So werden wir uns im Folgenden nur noch auf ein paar sehr grundlegende Aspekte begrenzen, die Sie entsprechend Ihres Bundeslandes dann mit den jeweiligen rechtlichen Grundlagen abgleichen sollten.

Die kommunale Selbstverwaltung gehört zu einem politischen und strukturellen Grundprinzip der Republik und gilt als Markenzeichen der Demokratie. Kommunale Selbstverwaltung heißt zunächst ganz allgemein, dass die Gemeinden alle Angelegenheiten der örtlichen Gemeinschaft (die Kreise entsprechend die der überörtlichen Gemeinschaft) in eigener Verantwortung regeln (vgl. Alemann und Münch 2006). Selbstverwaltung im politischen Sinne bedeutet dabei die ehrenamtliche Mitwirkung der Bürgerinnen und Bürger an der Wahrnehmung der öffentlichen Aufgaben in Gemeinde oder Kreis. Die kommunale Selbstverwaltung in ihrer konkreten Umsetzung wird jedoch in den einzelnen Ländern geregelt. Vergleicht man hierbei z. B. nur einmal das Bundesland Baden-Württemberg mit Nordrhein-Westfalen, so wird sehr schnell deutlich, dass die kommunalen Strukturen und deren kommunale Einheiten sehr unterschiedlich aussehen.

Die Landkarte der Kommunalverfassungen bietet seit dem Ende des Zweiten Weltkriegs ein buntes Bild: Unterschiedliche Verfassungstypen (von der süd- und norddeutschen Ratsverfassung bis hin zur Magistrats- und Bürgermeisterverfassung) stehen hierbei nebeneinander. Es hat sich in den letzten Jahren auch in dieser Hinsicht einiges verändert und weiterentwickelt. Mittlerweile sind häufig Kombinationen verschiedenartiger Elemente aus Bürgermeisterverfassung, Magistrats- und Ratsverfassung zu finden (vgl. Wehling 2000, S. 88).

Die konkrete Umsetzung, der Status der Bürgermeisterinnen und Bürgermeister sowie die Zahl der Gemeinderäte sind in den Flächenländern meist in sogenannten Gemeindeordnungen geregelt. In einigen Gemeindeordnungen sind auch die gesetzlichen Grundlagen der Kinder- und Jugendbeteiligung verankert. Auf dieser rechtlichen Basis ist der 8er-Rat zu verorten.

Die Kommune ist ein Bildungs-, Lern- und Erfahrungsraum. Hier ist Schule (formales Lernen) nur ein Ort der Bildung. Daneben sind die Träger der außerschulischen Jugendbildung und der kommunalen Jugendarbeit (non-formales Lernen) aktiv. Im Rahmen des 8er-Rates findet von Anfang an eine vernetzte politische Bildung und Jugendbeteiligung statt.

Ein zentrales Ziel der politischen Bildung und der Jugendbeteiligung ist die Förderung des mündigen Bürgers, der politisch interveniert und sich so „in seine eigenen Angelegenheiten einmischt" (Max Frisch). Demokratisch kompetentes Verhalten, die Fähigkeit, mitzubestimmen und Verantwortung zu übernehmen, muss man erlernen. Der Erwerb demokratischer Kompetenzen gelingt, wenn junge Menschen in entsprechenden Lern- und Lebenssituationen Erfahrungen machen können (vgl. Kenner und Lange 2018, S. 12 ff). Durch die Verbindung mit der konkreten Kommunalpolitik bereichert Jugendbeteiligung den Gemeinschaftskundeunterricht, kann zu einem lebensweltbezogenen politischen Interesse für das Gemeinwohl führen und ermöglicht zudem noch Lern- und Lebenssituationen zur Entwicklung von demokratisch kompetentem Verhalten.

In der Schule kann so beispielsweise durch 8er-Räte eine Art „demokratisches Kompetenzzentrum" entstehen. Wenn die 8er-Räte zukünftig noch eine stärkere Anbindung an die SMV-Arbeit einer Schule entwickeln könnten, dann wäre eine weiterführende und altersübergreifende politische Bildungs- und Beteiligungsarbeit möglich.

8er-Räte sorgen für eine Öffnung und Handlungsorientierung des Unterrichts und für eine nachhaltige Zusammenarbeit mit der Kommune in ihrer ganzen Vielfalt (Lehrende, Schülerinnen und Schüler, Schulleitungen, Schulsozialarbeiterinnen und -sozialarbeiter, Gemeinderätinnen und Gemeinderäte, Bürgermeisterinnen und Bürgermeister, kommunale Bildungsträger und Jugendorganisationen). Kein anderes Modell der Jugendbeteiligung hat von Anfang an diese Vernetzung in ihrem Konzept so verankert wie der 8er-Rat.

Der 8er-Rat und sein Einfluss auf den Politikunterricht

4

Der Politikunterricht in Deutschland steht in einer besonderen Tradition und Verantwortung. Nach dem Zweiten Weltkrieg entschied man sich in Deutschland bewusst, junge Menschen aktiv zur Demokratie zu erziehen. Diese Erziehung unterliegt allerdings einer strengen Limitation: Jugendliche sollen zwar für die Teilhabe gewonnen, aber nicht in Richtung der Teilhabe beeinflusst werden.

Deshalb lernt man im Politikunterricht, wie man konkurrierende Argumente anhört und sich in der Reflexion darüber eine eigene Meinung bildet. Deshalb erfährt man viel über das politische System und seine Funktionen. Das große Problem dabei ist, dass dieser abstrakte, übende Stil der Auseinandersetzung nur eine geringe Relevanz für Jugendliche entfaltet. Warum soll ich die politische Struktur Deutschlands kennenlernen, und was habe ich davon? – Eine Frage, die aus Sicht der Jugendlichen allzu berechtigt und deren Beantwortung unter den Bedingungen des Politikunterrichts recht schwer ist.

Denn Schule ist ein Raum der Simulation. Im Unterricht spielen wir den Widerstreit der Meinungen. Wir organisieren fiktive Gespräche zwischen Parteien, Positionen und Interessen und versuchen dabei zu erlernen, wie diese gegeneinander ausgeglichen werden können. Mit der wirklichen Praxis hat das nur wenig zu tun. Denn in der praktischen Politik ist gar nicht immer alles argumentbasiert, sondern häufig genug geprägt vom Hochkochen der Emotion.

Politische Strukturen erhalten erst dann ihre Bedeutung, wenn man sie in ihrer Wirkung beobachten kann. Und Politik erlebt man erst, wenn man sie real betreibt. Wenn man nicht mehr nur simuliert, sondern plötzlich performativ selbst Teil der Politik wird. Im Unterricht ist dieser Sprung nicht möglich.

Daher ist der 8er-Rat vielen Lehrerinnen und Lehrern willkommen. Denn er macht Jugendliche parallel zum eigenen Unterrichten zu Beteiligten. Die eigene Erklärung über Strukturen und Positionen bekommt plötzlich Relevanz: Mit wem

© Springer Fachmedien Wiesbaden GmbH, ein Teil von Springer Nature 2018
E. Flügge und U. Wenzl, *Der 8er-Rat*, essentials,
https://doi.org/10.1007/978-3-658-22022-8_4

habe ich da gerade gesprochen? Wo im Organigramm finde ich diese Position? Hat die Fraktion, die mir etwas versprochen hat, überhaupt eine politische Mehrheit? Wozu bilden die Fraktionen, und wieso muss ich beide Teile einer Fraktion überzeugen? All die Fragen, die sonst so schwer zu erklären sind, erleben die Jugendlichen plötzlich selbst in ihrem Alltag. Aus der Notwendigkeit des Lernens wird ein intrinsisches Interesse der Jugendlichen. Sie stellen selbst die Fragen, statt Fragen gestellt zu bekommen. Genau das, was man sich beim Unterrichten immer wünscht.

Was sich Lehrerinnen und Lehrer auch wünschen, das ist die gemeinsame Beobachtung der Schülerinnen und Schüler in der gleichen Situation. Genau diesen Mehrwert liefert der 8er-Rat. Plötzlich ist man mit der Schülergruppe nicht mehr allein, sondern beobachtet gemeinsam mit Kolleginnen und Kollegen der außerschulischen Arbeit und anderer Schulen die Jugendlichen, die man vermeintlich so gut kennt. In dieser kollegialen Beobachtung entdecken alle unsere Beteiligten neue und andere Perspektiven auf die Jugendlichen. Man kann diese in der echten Interaktion mit Politik und Verwaltung ganz neu kennenlernen und sie über sich hinauswachsen sehen. Man kann neue soziale Kompetenzen im Umgang mit Schülerinnen und Schülern anderer Schulen erkennen und auch neue Defizite bemerken, bei denen man unterstützen kann.

Der 8er-Rat bietet Schülerinnen und Schülern im Lauf eines Jahres die Chance, aus negativen Klassenrollen auszubrechen, weil die Neuordnung der Jugendlichen in der Großgruppe das Potenzial hat, dass diese auch neue Rollen annehmen und Rollen ablegen, die sie zuvor in ihrer Entwicklung limitiert haben.

Nicht zuletzt ist der 8er-Rat aber auch eine Begegnung der sozialen Lagen untereinander. Es entsteht ein Bewusstsein für die gesamte Gesellschaft und für Perspektiven, die einem im Alltag nicht unbedingt begegnen. Man muss nicht mehr im Unterricht versuchen, sich in das Gegenüber hineinzuversetzen, man hat es plötzlich vor sich stehen. Das macht den 8er-Rat so spannend.

Der 8er-Rat in der Praxis – drei Städte im Vergleich 5

In der Stadt Freiburg startete der erste 8er-Rat ganz konkret. Die Koordination aller Beteiligungsaktivitäten liegt im Jugendbüro beim Jugendbildungswerk Freiburg e. V. Die Jugendbeteiligung in Freiburg zeichnet sich durch einen Partizipationsmix aus. So passte ein 8er-Rat in das Gesamtkonzept der städtischen Jugendbeteiligung. Aufgrund der Größe von Freiburg und der Anzahl von Schulen wird das Konzept etwas anders umgesetzt als im Grundgedanken des 8er-Rates: Nicht alle Schulen sind beteiligt, sondern immer drei Schulen mit ihren Achtklässlern bilden den 8er-Rat. Und das jährlich mit wechselnden Schulen. Alles, was in Bezug auf den 8er-Rat in Freiburg wichtig ist, kann unter http:// www.8er-rat-freiburg.de/ nachgelesen werden.

Die Große Kreisstadt Emmendingen wollte nach einem Scheitern eines Jugendgemeinderats und begrenzter Akzeptanz eines Jugendforums ein weitergehendes Modell der kommunalen Jugendbeteiligung in enger Kooperation mit den Schulen auf den Weg bringen. Im ersten Schritt hat sich das Fachamt mit dem Konzept des 8er-Rates beschäftigt und im Rahmen einer Besprechung mit den Schulleitungen das im Kap. 2 beschriebene Verfahren angestoßen. Die Zahl der Schulen in einer Kommune mit knapp 27.000 Einwohnerinnen und Einwohner ist überschaubar.

Eine relativ ähnliche Ausgangssituation war in der Großen Kreisstadt Waldshut-Tiengen mit rund 23.000 Einwohnerinnen und Einwohnern zu finden. Auch hier entscheid man sich sehr bewusst für den 8er-Rat: Mit dem 2015 gewählten Oberbürgermeister wurde die Jugendbeteiligung auf eine verlässliche Basis gestellt. 220 Jugendliche der 8. Klassen von acht weiterführenden Schulen bildeten hierbei den 8er-Rat. Nach den verwaltungsinternen Vorberatungen und der Diskussion im Gemeinderat über konzeptionelle Überlegungen zum 8er-Rat wurden Kooperationsgespräche mit den Schulleitungen über konkrete Schnittstellen

© Springer Fachmedien Wiesbaden GmbH, ein Teil von Springer Nature 2018
E. Flügge und U. Wenzl, *Der 8er-Rat*, essentials,
https://doi.org/10.1007/978-3-658-22022-8_5

zwischen Schule und Kommunalpolitik geführt. Die Vorstellung, mit rund 220 Jugendlichen politische Bildung und Beteiligung zu praktizieren, erzeugte unterschiedliche Bilder und Einschätzungen. Bei der ersten 8er-Rats-Konferenz hat sich schon ein respektvolles und intensives Arbeiten eingestellt, das sich im weiteren Verlauf des 8er-Rats-Verfahrens verstetigt hat. Nach den beiden Einstiegskonferenzen wurde in den Arbeits- und Projektgruppen an konkreten Lösungsansätzen gearbeitet, die dann zum Abschluss des 8er-Rats-Zyklus von den beteiligten Jugendlichen im Gemeinderat vorgestellt werden.

Da an uns häufig die Frage von kommunal Verantwortlichen herangetragen wird, wie man politisch konkret einen Auftrag bzw. Antrag für den 8er-Rat formulieren und wie ein solches Modell in die Beratungen der Fachausschüsse und des Rates gegeben werden kann, veröffentlichen wir im Folgenden eine Sitzungsunterlage aus der Stadt Waldshut-Tiengen mit deren Einverständnis im Original.

Sitzungsunterlage Große Kreisstadt Waldshut-Tiengen – öffentlich –

Sitzung vom	11.07.2016
Sitzungsvorlage	Gemeinderat
Fachamt	Johannes Kraus, Kinder- und Jugendreferat
Top	Jugendbeteiligung in Waldshut-Tiengen • Umsetzung § 41a GemO • Vorstellung verschiedener Beteiligungsformate, insbesondere des 8-Rates • Beschlussfassung über weiteres Vorgehen

Beschlussantrag

Der Gemeindeverwaltung ist es ein wichtiges Anliegen, den § 41a GemO passgenau für Waldshut-Tiengen umzusetzen. Hierfür wird ein geeignetes Verfahren unter Mitwirkung der Schulen und Jugendlichen entwickelt. Bei diesem Prozess wird Herr Udo Wenzl, der als Kommunalberater tätig ist, die Stadt Waldshut-Tiengen beratend unterstützen. Das erarbeitete Verfahren werden wir dem Gemeinderat vorstellen und die Ergebnisse dann in einer weiteren Gemeinderatssitzung präsentieren.

Sachdarstellung und Begründung

1. Änderung der Gemeindeordnung in Baden-Württemberg
Die neue Gemeindeordnung in Baden-Württemberg wurde Mitte Oktober im Landtag von Baden-Württemberg verabschiedet. Damit gilt verbindlich: „Die Gemeinde <u>soll</u> Kinder und <u>muss</u> Jugendliche bei Planungen und Vorhaben, die ihre Interessen berühren, in angemessener Weise beteiligen." Mit dieser Neuerung in der Gemeindeordnung nimmt Baden-Württemberg bei der Beteiligung von Jugendlichen im Ländervergleich eine Spitzenposition ein.

Die Gemeinden haben die Aufgabe, geeignete Beteiligungsformate für Kinder und Jugendliche zu entwickeln. Die politisch Verantwortlichen in den Kommunen sollen sich mit Vertretern der jungen Generation über Partizipationsmöglichkeiten verständigen. Ziel ist es, Jugendliche in Planungs- und Gestaltungsprozesse in den Städten und Gemeinden einzubeziehen, die sie besonders betreffen werden. Auch wenn manche Jugendliche aufgrund von Ausbildung und Studium die Kommune verlassen, können positive Beteiligungserfahrungen dazu beitragen, dass sie wieder in die Region zurückkehren wollen.

Die Bedürfnisse von Kindern und Jugendlichen in den Mittelpunkt zu rücken bedeutet, in die Lebensqualität gegenwärtiger und künftiger Generationen zu investieren. Partizipation ist ein „weicher Standortfaktor" im interkommunalen Wettbewerb und damit ein Schlüsselfaktor zur Abmilderung der Folgen des demografischen Wandels. Durch die Mitgestaltung ihres Umfeldes erhöhen sich für junge Menschen das Interesse an und die Identifikation mit ihrer Gemeinde. Damit können Tendenzen der Abwanderung abgeschwächt werden, was langfristig auch die Infrastruktur in den Kommunen sichert.

2. Beteiligung von Kindern und Jugendlichen
Die angemessene Beteiligung von Kindern und Jugendlichen am kommunalen Geschehen stärkt demokratische Entscheidungsprozesse. Mit der Änderung der Gemeindeordnung im Paragraf 41a wird die Kinder- und Jugendbeteiligung auf kommunaler Ebene strukturell und nachhaltig verankert. Da in jeder Kommune unterschiedliche Voraussetzungen in Verwaltung und Politik vorzufinden sind, können bei der Entwicklung von Beteiligungsformen nicht selbstverständlich in anderen Gemeinden und Städten entwickelte und erprobte Beteiligungsformen auf die eigene örtliche Ebene übertragen werden.

Die jeweilige Beteiligungsform muss in ihren Zielen auf den jeweiligen Anlass, die konkrete kommunale Situation, die regionalen Gegebenheiten und die jeweiligen Altersgruppen abgestimmt werden. Letztlich ist nicht die Form entscheidend, sondern das ernst gemeinte Interesse der erwachsenen Beteiligten und die Bereitschaft, die Konsequenzen, die sich aus einem Beteiligungsverfahren ergeben, zu tragen.

Aus den genannten Gründen ist es wichtig, die Beteiligung von jungen Menschen vielfältig, ideenreich und der jeweiligen örtlichen Situation entsprechend zu realisieren. Partizipation von Jugendlichen ist nicht statisch. Partizipation muss sich immer wieder an den aktuellen Bedürfnissen der Kinder und Jugendlichen orientieren und somit weiterentwickelt werden. Den „Königsweg" gibt es nicht. Die Chancen liegen in einem Partizipationsmix, bei dem alle vorhandenen örtlichen Ressourcen der Jugendarbeit/Jugendpolitik und der Schulen mit einbezogen werden. Partizipation von Kindern und Jugendlichen ist ein Prozess, der auf Mitgestaltung, Mitwirkung und Mitbestimmung zielt.

3. Unterschiedliche Beteiligungsformate

Partizipation von Jugendlichen kann in unterschiedlicher Weise und Mitbestimmungsart gestaltet werden. Es lassen sich unterschiedliche Formen von Beteiligung unterscheiden. Im Folgenden geht es um einen Überblick und eine Darstellung der Vor- und Nachteile der einzelnen Formate. Trotz der vielen Unterschiede haben viele Formen auch Gemeinsamkeiten. Im Wesentlichen lassen sich unterscheiden:

- parlamentarische und repräsentative Formen
- offene Beteiligungsformate, sowie
- projektbezogene Formen

3.1 Parlamentarische Formen

Parlamentarische Formen sind institutionell verankerte Partizipationsmöglichkeiten, denen meist das Prinzip der Repräsentation zugrunde liegt und die an den Gemeinde-/Landkreisordnungen orientiert sind. Klassische Vertreter parlamentarischer Formen sind Jugendparlamente. Ihre Konzeption ist in den meisten Fällen an den Institutionen der Kommune orientiert und durch die Gemeindeordnung legitimiert. Wie der Gemeinderat werden auch die parlamentarischen Formen der Jugendbeteiligung durch ein Wahlverfahren für eine bestimmte Legislaturperiode gewählt. Dazu dürfen sich Jugendliche nach dem Erreichen des festgelegten Wahlalters als Kandidierende aufstellen lassen, gewählt werden und selbst an der Wahl teilnehmen. Durch die Festlegung einer gewissen Anzahl von Sitzen kann nur eine bestimmte Zahl von Kandidierenden in diese Parlamente einziehen. Wer gewählt wird, repräsentiert die Jugendlichen und deren Interessen in der Gemeinde.

Bei der Wahl kann zwischen zwei Wahlformen unterschieden werden. Einerseits gibt es die Urwahl, zu der alle wahlberechtigten Jugendlichen einer Kommune zugelassen sind, andererseits die Schülerwahl, bei der alle wahlberechtigten Schülerinnen und Schüler der kommunalen Schulen zugelassen werden. Nach den Wahlen kommen die „Abgeordneten" in regelmäßigen Abständen im jeweiligen Parlament zu Sitzungen zusammen. Dort werden Vorschläge und Projekte diskutiert, geplant und ausgearbeitet. Beschlossene Dinge werden an den Gemeinderat herangetragen. Dies kann über eine pädagogische Fachkraft sichergestellt werden, die diese Formen unterstützt und gegebenenfalls zwischen den beiden Institutionen vermitteln kann.

Häufig besitzen die Mitglieder ein Rederecht vor dem Gemeinderat, um beratend Einfluss zu nehmen und von ihrer Arbeit zu berichten. Außerdem bekommen sie in der Regel ein eigenes finanzielles Budget zur Verfügung gestellt, um Projekte umzusetzen. Parlamentarische Formen der Jugendbeteiligung gehören dann zur Stufe des „Mitbestimmens".

3.2 Offene Formen

Offene Beteiligungsformen sind im Vergleich dazu nicht oder nur schwach institutionalisiert und stehen grundsätzlich allen Kindern und Jugendlichen offen. Sie zeichnen sich durch eine offene und direkte Beteiligung aller interessierten Jugendlichen aus. Beispiele für offene Formen sind Jugendkonferenzen oder auch Jugendhearings, die einmalige oder regelmäßige Treffen mit dem Anspruch sind, eine möglichst breite Masse an Jugendlichen anzuhören oder ihnen einen gestalterischen Freiraum einzuräumen. Dies bedeutet im Vergleich zu den parlamentarischen Formen eine geringere zeitliche Verbindlichkeit sowie durch den direkten Charakter eine niedrigere Zugangsschwelle.

Eine Verpflichtung zur Mitarbeit entsteht daraus nicht. Theoretisch bieten offene Formen allen Interessierten die Möglichkeit, unmittelbaren Einfluss auf Themen und Entscheidungen zu nehmen und die eigene Meinung zu vertreten. Die Aktivitäten der Jugendlichen beschränken sich bei offenen Formen vor allem auf die Artikulation von Meinungen, Interessen und Wünschen.

Mitbestimmung streben diese Formate eher nicht an. Durch eine fehlende Institutionalisierung ist auch die Umsetzung der beschlossenen Ergebnisse nicht verbindlich. Dem kann entgegengewirkt werden, wenn die Ergebnisse der Öffentlichkeit präsentiert werden. Medien und interessierte Bürgerinnen und Bürger werden somit zu Zeuginnen und Zeugen der Beschlüsse und können durch die Einforderung der Umsetzung dieser Ergebnisse durch die Politik die Jugendlichen unterstützen.

3.3 Projektbezogene Formen
Diese Formen von Beteiligung beschäftigen sich im Regelfall mit einer konkreten Fragestellung, die sich an einem bestimmten Projekt ausrichtet. Sie müssen nicht für alle Jugendlichen geöffnet sein, sondern können sich gezielt an spezielle Gruppen, wie Vereine oder bestimmte Interessengruppen, richten und eignen sich besonders gut, um andere Beteiligungsformen zu ergänzen. Ihre konkrete Ausgestaltung kann sehr vielfältig sein, es gibt Zukunftswerkstätten, Workshops, Runde Tische oder auch Jugendhearings, die als Mischform von projektbezogenen und offenen Formen angelegt sein können. Wichtig ist, dass projektbezogene Formen im Regelfall nur eine beratende Funktion besitzen und damit den Bereich des „Mitredens" abdecken.

4. Vor- und Nachteile der verschiedenen Formate
Die Stärken und Schwächen der skizzierten Beteiligungsformate finden sie als Anlage zu dieser Vorlage in tabellarischer Form.

5. Jugendbeteiligung in Waldshut-Tiengen
Jugendbeteiligung ist in Waldshut-Tiengen nicht neu. In der Kommune sind bereits verschiedene Jugendbeteiligungsformen erfolgreich durchgeführt worden, z. B. im Zusammenhang mit der Erstellung der Jugendstudie. Auch aktuell wird Partizipation und Mitbestimmung von Kindern und Jugendlichen in der Arbeit des Kinder- und Jugendreferats aktiv gelebt. Sie ist fester Bestandteil der Projektarbeit, z. B. im Jugendpub im JUZ in Tiengen oder bei der Arbeit im Jugendraum auf dem Aarberg. Aus Sicht der Verwaltung erscheinen starre, rein parlamentarische bzw. repräsentative Beteiligungsformen weniger Erfolg versprechend. Deshalb möchte die Verwaltung eine spezielle Form zwischen parlamentarischem und offenem Beteiligungsformat gemeinsam mit den Kindern und Jugendlichen entwickeln: den sogenannten 8er-Rat.

6. Beteiligungsformat: 8er Rat
Der 8er-Rat ist ein innovatives Beteiligungsformat. Dieses neue Format wurde entwickelt, weil das Modell des Jugendparlaments bzw. Jugendgemeinderats nur teilweise erfolgreich ist und auch nur einem kleinen Teil von Jugendlichen aktive Beteiligung ermöglicht. Mit dem Anspruch, „politische Partizipationserfahrung" allen Jugendlichen in der Kommune zugänglich zu machen, sieht dieses Modell vor, die Schülerinnen und Schüler aller 8. Klassen in einem

kommunalen Rat zu vereinigen. Wie das Jugendparlament wird der 8er-Rat dem Gemeinderat beratend zur Seite gestellt. So können kommunalpolitische Themen und Interessen diskutiert und gemeinsame Vorschläge und Projekte erarbeitet werden.

Wie bereits erwähnt, ist das Format fest gebunden an die 8. Jahrgänge der Schulen in den Kommunen. Eine Wahl findet nicht statt – Mitglieder des Rats sind alle Jugendlichen aus allen 8. Klassen. Da die 8. Klassenstufe in allen Schulformen existiert, bekommt durch diese Idee jeder Jugendliche im Laufe seiner schulischen Laufbahn die Möglichkeit, die Politik seines Ortes innerhalb bestehender Strukturen mitzugestalten. Junge Menschen sollen sich mit den ihre Lebenswelt betreffenden Themen auseinandersetzen und so zur politischen Partizipation motiviert werden.

Natürlich muss auch hier betont werden, dass der Wille zur Beteiligung von den Jugendlichen selbst kommen muss. Zwang ist weder nötig noch förderlich. Über ein Schuljahr hinweg bestimmen die Jugendlichen selbst Ziele und Wünsche und feiern nach einem Jahr gemeinsam den Erfolg ihrer gemeinsamen Bemühungen und Erfahrungen. Das Modell berücksichtigt auch die beschränkten zeitlichen Kapazitäten der Teilnehmenden. Die bei diesem Format erfolgende Institutionalisierung von Jugendbeteiligung bereits bei den 8. Klassen, ermöglicht dem 8er-Rat auch über die eigenen Grenzen hinaus eine langfristige Komponente, die die Schülerinnen und Schüler an grundlegende Prinzipien der demokratischen Beteiligung heranführen kann.

Wie bei allen Formen der Jugendbeteiligung wird es auch bei diesem Format für das Gelingen entscheidend sein, ob die Akteurinnen und Akteure Unterstützung durch eine pädagogische Fachkraft erhalten, die die Jugendlichen unterstützt und als Brücke zwischen dem Gemeinderat und dem 8er-Rat fungiert. Aus Sicht der Verwaltung wäre dies Aufgabe des Kinder- und Jugendreferats, entweder im Sachgebiet Verwaltung/FEZ oder im Sachgebiet Offene Kinder- und Jugendarbeit. Durch die große Zahl an Jugendlichen, die durch die Einbeziehung einer ganzen Klassenstufe zusammenkommt, ist das Format für Kommunen einer bestimmten Größe und Schülerzahl geeignet.

Da hiermit nur Jugendlichen einer festen Altersstufe angesprochen werden, findet keine umfassende Repräsentation der Interessen aller Jugendlichen statt. Zwar ist im Laufe der Zeit jede und jeder an der Reihe, sich im 8er-Rat zu beteiligen, doch kann das Modell des 8er Rats nicht den Anspruch eines allgemein umfassenden Formats erfüllen. Trotzdem sehen wir es als Chance mit guten Realisierungsmöglichkeiten. Der beschriebenen „Schwachstelle" kann begegnet werden, wenn der 8er-Rat durch andere kreative Formate ergänzt wird.

Bisherige Vorgehensweise, nächste Schritte
Erarbeitung des Konzepts innerhalb der Verwaltung unter Einbeziehung externer Beratung, Beschlussfassung über die endgültige Vorgehensweise im GR, Durchführung von Beteiligungsformen, Bericht im Gemeinderat.

Finanzierung und Folgekosten
10.000 €, Folgekosten abhängig von späteren Projektideen der Kinder und Jugendlichen.

Was in Waldshut-Tiengen als Antrag und Beratung sehr förmlich begann, wurde in der Folge zu einer großen Anzahl guter persönlicher Erfahrungen unterschiedlicher Akteure mit diesem Modell. Am einfachsten erhält man einen Eindruck davon, wie der 8er-Rat wirkt, wenn man die Akteure selbst zu Wort kommen lässt. Wie eine Schulleiterin, die zu Anfang noch sehr skeptisch war und heute über den 8er-Rat schreibt:

Die Schulleiterin wurde von einiger Skepsis erfasst, als die ersten Meldungen zum geplanten 8er-Rat in Waldshut-Tiengen anlandeten. Der Verpflichtung der Kommunen, für Jugendliche in Baden-Württemberg Strukturen für die Beteiligung zu schaffen, müsste doch auch ohne Unterrichtsausfall nachzukommen sein. Die Nachrichten aus den Planungsteams wirkten zunächst wenig abgestimmt. Von November bis März sollten an mindestens vier ganzen Schultagen aus allen 8. Klassen Schüler für diesen 8er-Rat herausgezogen werden? Damit wäre der Unterricht in fünf Klassen für dreißig Schulstunden torpediert oder mindestens eingeschränkt. Und zu welchem Zweck?

Die Schulsozialarbeiterin erwies sich im Vorfeld als hilfreiche Vermittlerin zwischen den Welten Schule, Kommune und Projekt; sie wusste bereits im Vorfeld konstruktiv zu vermitteln. Die Spannung war groß vor der „Auftaktrunde mit Schulleitern" im Waldshuter Rathaus im Oktober 2017: Udo Wenzl stellt seine Projektidee einer großen Runde vor. Ein stattliches Team von Mitarbeiterinnen und Mitarbeitern aus dem Kinder- und Jugendreferat der Stadt und viele Schulsozialarbeiter scheinen schon „eingeschworen" und flankieren ihn; der Oberbürgermeister zeigt sich begeistert. Udo Wenzl präsentiert Ziele und Erfahrungen mit dem 8er-Rat in anderen Kommunen eindrucksvoll; Ziele und Methoden des Unternehmens werden anschaulicher. Doch der Teufel steckt auch hier im Detail. Die kleineren Schulen mit ein oder zwei Parallelklassen könnten die Organisation leichter anpassen. Es ist nicht ganz einfach, deutlich zu machen, dass die Ziele – Jugendliche für kommunalpolitische Fragen interessieren und über konkrete Beteiligung Wert und Möglichkeiten demokratischer Strukturen erfahrbar machen – geschätzt werden, doch die Anliegen der Schulen auch Berücksichtigung finden müssen. Ein guter Kompromiss wird erreicht: Nicht die Waldshut-Tiengener Schüler aus allen Klassen, sondern eine komplette Klasse soll teilnehmen. So können auch die Kinder anderer Kommunen mitarbeiten; die für andere Gemeinden interessanten Ergebnisse sollen auch dort den Verantwortlichen vorgetragen werden.

Der Start in der Großgruppe gelingt eindrucksvoll: In der Stadthalle Tiengen mutieren 200 14- und 15-Jährige zu ernsthaft Arbeitenden: Spielerische Elemente lassen die Jugendliche auftauen und führen dazu, dass sie sich in schulübergreifenden Arbeitsgruppen zusammenfinden. Bald zeigt sich, wie motivierend und bestärkend es sich auswirkt, wenn junge Menschen erfahren: Sie sind gefragt, und ihre Anliegen werden von Erwachsenen ernst genommen. Und diese jungen Menschen haben viele berechtigte Anliegen, die sie beim zweiten Großgruppen-Treffen Verantwortlichen aus Verwaltung und Rat engagiert und umsichtig vortragen. Die Strukturierung durch das vorbereitende Team trägt Früchte. Es werden keine utopischen Forderungen gestellt, sondern die Gruppen haben schon bedacht: Welche Schwierigkeiten stehen im Weg? Was wäre zu tun, um die Ideen zu verwirklichen? Wie viel würde das kosten? Welche Menschen, welche Gruppen sind zu beteiligen oder könnten bei der Umsetzung helfen? Ein breites Kaleidoskop an Themen und Ideen entsteht: Könnte es in Waldshut eine privat finanzierte Trampolin-Halle geben? Was könnte man tun, um den jugendlichen Flüchtlingen eine bessere Integration zu ermöglichen? Wie können Schülerinnen und Schüler erreichen, dass sie sich vor Unterrichtsbeginn in den Klassenzimmern aufhalten dürfen? Welche Maßnahmen sind denkbar, damit die „Szene" am Busbahnhof in Waldshut so begrenzt wird, dass Kinder und Jugendliche dort ohne Angst und unangenehme Erfahrungen auf die Busse warten mögen?

Die Gruppen werden sich noch zweimal treffen, um die nächsten Schritte abzusprechen. Das Finale wird die Begegnung mit dem Gemeinderat sein. Welche Erfolge werden die Schülerinnen und Schüler haben, welche Anliegen und Initiativen werden aufgegriffen und umgesetzt werden? Die Antworten stehen noch aus. Ein Gewinn ist schon jetzt sicher: Die Schülerinnen und Schüler haben erlebt, wie Kommunalpolitik „geht"; sie haben erfahren, dass ihre Meinung wichtig ist und dass sich nichts bewegt, wenn es kein Engagement des Einzelnen gibt. Sie haben erfahren: Sie haben etwas zu sagen, egal, welche Schule sie besuchen. Ich bin sicher: Das werden sie nicht vergessen – insbesondere, wenn das ein oder andere Projekt Wirklichkeit wird. Jetzt sind Stadträte und Stadtverwaltung in der Pflicht. Wenn in einem überschaubaren Zeitraum die Ideen der Achtklässlerinnen und Achtklässler mithilfe von Politik und Verwaltung Wirklichkeit werden, ist eine Chance genutzt worden, etwas gegen Desinteresse und Politikverdrossenheit zu tun. Das ist Unterrichtszeit wert (Mechthild Rövekamp-Zurhove, Direktorin, Hochrheingymnasium Waldshut-Tiengen).

Wenn eine Schulleitung, wie hier Frau Rövekamp-Zurhove, erkennt, dass die Jugendbeteiligung Unterrichtszeit wert ist, dann wird deutlich, dass auch aus schulischer Sicht der 8er-Rat zum Gewinn wird. Gleiches erleben wir für einzelne Lehrerinnen und Lehrer:

Bei der Premierensitzung des erstmals in Waldshut-Tiengen stattfindenden Achterrats kamen rund 200 Schülerinnen und Schüler zusammen. Nach einigen Kennenlernspielen wurden erste Ideen in verschiedenen Gruppen gesammelt. Dabei hatten sich die Achtklässlerinnen und Achtklässler der verschiedensten Schularten mit aktuellen Themen in Waldshut-Tiengen befasst. Hierzu konnten sie eigene Gedanken und Ideen einbringen und vortragen.

Bei der zweiten 8er-Rat-Sitzung sollten sich die Schülerinnen und Schüler für ein Thema und somit für eine Gruppe entscheiden. Anschließend wurden in Kleingruppen konkrete Umsetzungsmöglichkeiten gesammelt und diskutiert, welche an Stellwänden zusammengetragen wurden. Im weiteren Verlauf der Sitzung wurden den eingeladenen Experten die Ergebnisse zu den ausgewählten Themengebieten vorgestellt.

Beeindruckt hat mich, dass Schülerinnen und Schüler aller Schularten den Mut hatten, ihre Ideen dem Publikum vor Ort zu präsentieren. Als Klassenlehrer war ich stolz auf diese Leistung meiner Schülerinnen und Schüler, zumal sich unter den anwesenden Experten u. a. der Oberbürgermeister der Stadt Waldshut-Tiengen, Polizisten, Vorstände städtischer Unternehmen sowie Mitglieder des örtlichen Gemeinderates befanden, vor denen sie ihre Ideen vortrugen.

Da die Teilnehmerzahl dieses kommunalen Projektes enorm hoch ist, stellt es für alle beteiligten Schülerinnen und Schüler eine große Herausforderung dar, gemeinschaftlich produktiv zusammenzuarbeiten. Dank der guten Leitung von Udo Wenzl und den Mitarbeiterinnen und Mitarbeitern des Kinder- und Jugendreferates Waldshut war stets eine positive, produktive Arbeitsatmosphäre festzustellen, in der die meisten Schülerinnen und Schüler diszipliniert bei der Sache waren.

Zusammenfassend würde ich gerade aufgrund der Vielfalt und Vielzahl der verschiedenen Themenbereiche, der Arbeitsatmosphäre in der Stadthalle und der Organisation den Start des diesjährigen 8er-Rates in Waldshut-Tiengen als gelungen bezeichnen. Der 8er-Rat bietet die Möglichkeit, sich schon im Jugendalter mit Kommunalpolitik zu beschäftigen. Zudem kann bei Jugendlichen das Interesse für Politik geweckt werden und gleichzeitig das Ziel der aktiven Mitgestaltung Jugendlicher an politischen und kommunalen Themen erreicht werden.

Für mich als Klassenlehrer ist es natürlich wichtig, dass es am Ende des 8er-Rates Erfolgserlebnisse gibt. Deshalb bin ich genauso wie die Schülerinnen und Schüler der GWRS Gurtweil gespannt, welche Themenfelder letztendlich vom Gemeinderat genehmigt und umgesetzt werden (Michael Albicker, Lehrer der Grund- und Werkrealschule Gurtweil).

Was für die Schule funktioniert, ist aus Sicht der außerschulischen Jugendarbeit häufig schwierig. Im 8er-Rat versuchen wir die Perspektiven unterschiedlicher

Systeme miteinander zu verzahnen. Verschiedene Akteurinnen und Akteure setzen jeweils ihre Stärken ein und kompensieren durch die Partnerschaft mit anderen ihre eigenen blinden Flecken. Auch aus der kommunalen Jugendarbeit haben wir einen Praxisbericht:

> Der 8er-Rat leistet einen wichtigen Beitrag zur Jugendbeteiligung in der Gemeinde. Jugendliche werden dafür sensibilisiert, dass Politik kein unnahbares Konstrukt ist, sondern können in den direkten Austausch mit Entscheidungsträgern der Stadt treten. Stadtverwaltung und Gemeinderäte signalisieren Interesse an den Themen der Jugendlichen und sagen Unterstützung zu. Es war gut erkennbar, dass durch diesen direkten Austausch der Mut und die Zuversicht gestiegen sind, tatsächlich etwas erreichen zu können. Welchen Weg die ausgearbeiteten Projekte am Ende gehen, wird die weitere Diskussion zeigen.
>
> Entscheidend ist aus unserer Sicht, dass seitens der Kommune die Bereitschaft zur Unterstützung von Jugendinitiativen vorhanden ist und bleibt. Ebenso wichtig ist die Bereitschaft der Schulen, sich beim Projekt zu beteiligen. Da der 8er-Rat nicht alle Altersgruppen der Jugend abdeckt, werden wir ihn durch andere Jugendbeteiligungsformen ergänzen, beispielsweise durch ein offenes Jugendforum.
>
> Die Jugendlichen fanden es gut, dass schulartübergreifend gearbeitet wurde und konnten trotz teils zu Beginn herrschender Skepsis das Projekt annehmen. Zu beobachten war auch des Öfteren, dass Jugendliche, die laut eigener Aussage eigentlich nichts mit Politik anfangen konnten, doch einen Zugang fanden, wenn es um Themen ging, die sie berührten (Sarah Eichkorn, Aileen Niefanger, Onur Harblioglu, Dominik Eckert).

Das Konzept des 8er-Rates nimmt auch die Kommune in die Pflicht. Wenn die Beteiligung junger Menschen nicht nur eine Übung demokratischer Beteiligung sein soll, sondern eine echte Partizipationsgelegenheit, dann dürfen die Anliegen der Jugendlichen nicht versanden. Deshalb ist die Selbstverpflichtung der Kommunalpolitik zur Realisation möglicher Anliegen der Jugendlichen von enormer Wichtigkeit. Dass davon auch eine Kommune profitieren kann, berichtet im Folgenden ein Oberbürgermeister:

> In meinem Wahlkampf habe ich mehrfach den Wunsch gehört, etwas für die Beteiligung der Jugend an politischen Entscheidungs- und Willensbildungsprozessen zu tun. Außerdem schreibt die Gemeindeordnung den Kommunen vor, Jugendbeteiligungen zu ermöglichen. Wir tun das als Einstieg – mit dem 8er-Rat, dem schulformübergreifenden Zusammenschluss aller 8. Klassen eines Jahrgangs. Persönlich erhoffe ich mir vom 8er-Rat, dass seine jugendlichen Teilnehmer lernen, wie man Ziele formuliert, Mitstreiter dafür gewinnt und gemeinsam Erfolg hat. Wenn dadurch auch noch nachhaltig ihr Interesse an der politischen Willensbildung geweckt würde, wäre das zusätzlich erfreulich.

Aus eigener Erfahrung – mein ältester Sohn geht gerade in die 8. Klasse – weiß ich, dass Jugendliche im Alter zwischen zwölf und 14 anfangen, sich mit Politik zu beschäftigen. Darum hat mich das Modell des 8er-Rates sofort angesprochen. Und die Erfahrung aus anderen Städten zeigt, dass es ein erfolgversprechendes Modell ist. Die beiden ersten Treffen waren schon mal super. Schon in den ersten beiden Großgruppenveranstaltungen haben die Teilnehmer zentrale Entwicklungsthemen identifiziert. Es war für mich sehr beeindruckend, wie intensiv die Jugendlichen Themen angesprochen und vertieft haben. Hierbei ist auch deutlich geworden, dass die Vorstellungen und Anliegen der Heranwachsenden sehr realistisch sind und auch die Welt der Erwachsenen thematisiert und diskutiert wird.

Ich hoffe, dass wir das Ganze in eine Regelmäßigkeit überführen können – mit konkreten Ergebnissen (Dr. Philipp Frank, Oberbürgermeister der Großen Kreisstadt Waldshut-Tiengen).

Der 8er-Rat als Beteiligungsrevolution 6

Was könnte aus Deutschland werden, wenn wir wirklich alle Menschen beteiligen würden? – Vielleicht ein riesiges Chaos, vielleicht eine aktivere Demokratie, vielleicht auch schlicht nur ein neuer Dialog zwischen den Mächtigen und den Ohnmächtigen.

Als wir vor ein paar Jahren mit den ersten Gedanken zum 8er-Rat starteten, waren wir inspiriert von der Idee, alle Jugendlichen zu erreichen. Jetzt, nach den ersten Jahren der Praxis, sind wir zufrieden. Es ist anstrengend, es fordert alle Beteiligten heraus, aber es gelingt. Es macht Jugendliche aller sozialen Lagen und Bildungshintergründe stärker und trägt zu einem neuen Miteinander von Kommune, Schule und Jugendarbeit bei. Viele Bereiche, die sich lange gegenseitig als Konkurrenz verstanden haben, werden zu Kooperationspartnerinnen und Kooperationspartnern.

Der 8er-Rat ist für die Jugendbeteiligung eine Revolution, aber er fegt alte und andere Formen nicht vom Platz. Wir erleben, dass der 8er-Rat die Schülerinnen- und Schülervertretungsarbeit an der Schule stärker macht, weil junge Menschen wissen, dass sie sich erfolgreich einbringen können. Wir erleben, dass auch gewählte Jugendräte mit dem 8er-Rat kooperieren können und man gemeinsam mehr Erfolg hat. Aber vor allem erleben wir, dass Jugendliche sich einmischen und ihr Gemeinwesen verändern. In unseren Augen ist das alle Mühe wert.

© Springer Fachmedien Wiesbaden GmbH, ein Teil von Springer Nature 2018   41
E. Flügge und U. Wenzl, *Der 8er-Rat,* essentials,
https://doi.org/10.1007/978-3-658-22022-8_6

Was Sie aus diesem *essential* mitnehmen können

- Der 8er-Rat ist ein in der Praxis erfolgreich erprobtes Modell, bei dem langfristig alle in einer Kommune lebenden Jugendlichen im Laufe ihrer Schulzeit ein Jahr der Beteiligung erleben.
- Jugendbeteiligung kann mit den richtigen Partnerinnen und Partnern in jeder Stadt oder Gemeinde für alle Jugendlichen zugänglich gemacht werden. Beteiligung gelingt über Bildungs- und soziale Grenzen hinweg.
- Die Einführung eines 8er-Rates in der Kommune erfordert umfangreiche Vorbereitung, das Modell erweist sich in der Praxis dann aber als praktikabel. Alle Hintergründe zur Einführung eines 8er-Rates finden sich in diesem Essential.

© Springer Fachmedien Wiesbaden GmbH, ein Teil von Springer Nature 2018
E. Flügge und U. Wenzl, *Der 8er-Rat,* essentials,
https://doi.org/10.1007/978-3-658-22022-8

Literatur

Alemann, U. von, & Münch, C. (Hrsg.). (2006). *Europafähigkeit der Kommunen. Die lokale Ebene in der Europäischen Union*. Wiesbaden. http://www.bpb.de/nachschlagen/lexika/das-europalexikon/177083/kommunale-selbstverwaltung. Zugegriffen: 23. Febr. 2018.

Bandura, A. (1994). Self-efficacy. In V. S. Ramachaudran (Hrsg.), *Encyclopedia of human behavior* (Bd. 4, S. 71–81). New York: Academic (Reprinted in: Friedman, H. (Hrsg.). (1998). *Encyclopedia of mental health*. San Diego: Academic).

Bandura, A. (1995). Exercise of personal and collective efficacy in changing societies. In A. Bandura (Hrsg.), *Self-efficacy in changing societies* (S. 1–45). Cambridge: Cambridge University Press.

Bandura, A. (2000). Exercise of human agency through collective efficacy. *Current Directions in Psychological Science, 9*(3), 75–78.

Böhm-Kasper, O. (2006). Politische Partizipation von Jugendlichen. Der Einfluss von Gleichaltrigen, Familie und Schule auf die politische Teilhabe Heranwachsender. In W. Helsper, H. H. Krüger, S. Fritzsche, S. Sandring, C. Wiezorek, O. Böhm-Kasper, & N. Pfaff (Hrsg.), *Unpolitische Jugend?* (S. 53–74). Wiesbaden: VS Verlag.

Fatke, R., & Schneider, H. (2005). *Partizipation von Kindern und Jugendlichen in Deutschland: Konzeptionelle Grundlagen und empirische Befunde zur Mitwirkung junger Menschen in Familie, Schule und Kommune*. Gütersloh: Bertelsmann Stiftung.

Flügge, E., & Syring, M. (2013). Gemeinsam zum Erfolg! Erfahrungsorientierung im Schnittfeld Schule und außerschulischer Jugendarbeit. In E. Flügge & M. Syring (Hrsg.), *Die Erstbegegnung mit dem Politischen. Erfahrungsorientierte politische Erstkontakte in Unterricht, Schule und Lebenswelt. Immenhausen*. Kassel: Prolog Verlag

Jerusalem, M., & Mittag, W. (1995). Self-efficacy in stressful life transitions. In A. Bandura (Hrsg.), *Self-efficacy in changing societies* (S. 177–201). Cambridge: Cambridge University Press.

Kenner, S., & Lange, D. (2018). *Citizenship Education: Konzepte, Anregungen und Ideen zur Demokratiebildung*. Frankfurt: Wochenschauverlag.

© Springer Fachmedien Wiesbaden GmbH, ein Teil von Springer Nature 2018
E. Flügge und U. Wenzl, *Der 8er-Rat*, essentials,
https://doi.org/10.1007/978-3-658-22022-8

Schwarzer, R., & Jerusalem, M. (2002). Das Konzept der Selbstwirksamkeit. Zeitschrift für Pädagogik 44. In M. Jerusalem & D. Hopf (Hrsg.), *Beiheft: Selbstwirksamkeit und Motivationsprozesse in Bildungsinstitutionen* (S. 28–53). Weinheim: Beltz.

Wehling, H.-G. (2000). Lokale Lebensbezirke und Kommunen. In W. Benz & P. März (Hrsg.), *Normen, Stile, Institutionen. Zur Geschichte der Bundesrepublik*. München: Bayrische Landeszentrale für Politische Bildungsarbeit.